Nixon Amuomo

Modelos de preparação para a saúde em linha para a cobertura universal de saúde no Quénia

Nixon Amuomo

Modelos de preparação para a saúde em linha para a cobertura universal de saúde no Quénia

Uma revisão e análise sistemática

ScienciaScripts

Imprint
Any brand names and product names mentioned in this book are subject to trademark, brand or patent protection and are trademarks or registered trademarks of their respective holders. The use of brand names, product names, common names, trade names, product descriptions etc. even without a particular marking in this work is in no way to be construed to mean that such names may be regarded as unrestricted in respect of trademark and brand protection legislation and could thus be used by anyone.

Cover image: www.ingimage.com

This book is a translation from the original published under ISBN 978-620-2-31928-7.

Publisher:
Sciencia Scripts
is a trademark of
Dodo Books Indian Ocean Ltd. and OmniScriptum S.R.L publishing group

120 High Road, East Finchley, London, N2 9ED, United Kingdom
Str. Armeneasca 28/1, office 1, Chisinau MD-2012, Republic of Moldova, Europe
Printed at: see last page
ISBN: 978-620-8-12371-0

Prefácio

A telemedicina é a prestação de serviços médicos e de cuidados de saúde através da utilização das telecomunicações ou das tecnologias da informação. As tecnologias da informação, através do multimédia, do reconhecimento de padrões, da gestão do conhecimento e do processamento de imagens e sinais, permitiram uma vasta gama de aplicações e inovações. Por outro lado, a saúde em linha é a utilização das tecnologias da informação e da comunicação (TIC) para a saúde, tal como definido pela Organização Mundial de Saúde (OMS).

A adoção da saúde em linha pode, de facto, facilitar a distribuição equitativa dos cuidados de saúde às zonas marginalizadas e aos grupos populacionais vulneráveis. Devido aos inúmeros benefícios potenciais decorrentes da adoção da saúde em linha nos sistemas de saúde, os sectores público e privado aumentaram o investimento em intervenções de saúde em linha nos países de baixo e médio rendimento (PRMI). No entanto, vários desafios impedem a implementação bem sucedida das intervenções de saúde em linha nos PRMI. Estes desafios incluem infra-estruturas e equipamentos inadequados; recursos humanos e competências insuficientes; legislação inadequada; fornecimento de energia insuficiente ou pouco fiável; financiamento escasso para a sustentabilidade; falta de adesão e apropriação por parte do governo e mecanismos de avaliação fracos que conduzem à implementação de uma miríade de projectos-piloto que raramente são ampliados.

A estratégia nacional de saúde em linha do Quénia delineou cinco áreas estratégicas específicas para ajudar à implementação de projectos de saúde em linha no país. Estas incluem a telemedicina, os sistemas de informação sobre saúde (incluindo registos de saúde electrónicos), a saúde móvel (saúde através da utilização de dispositivos móveis), a aprendizagem eletrónica (incluindo o ensino ou a aprendizagem à distância) e a informação sobre saúde para os cidadãos (fornecimento de informação sobre saúde aos doentes). A estratégia também previa que as TIC promovessem e prestassem serviços de saúde eficientes aos quenianos e aos consumidores para além das fronteiras do Quénia.

Este livro destaca a tão necessária garantia através de modelos e quadros sobre o ecossistema de preparação para a saúde em linha para implantações, desafios e noções à medida que avançamos para a tendência crescente de implantação da telemedicina em países em desenvolvimento como o Quénia.

Citação

A tecnologia deve ser mais bem aproveitada para atingir os ODM

As novas soluções de base tecnológica que não existiam quando os Objectivos foram aprovados podem e devem ser aproveitadas para permitir uma rápida expansão. As mais importantes destas tecnologias envolvem a utilização dos telemóveis, da Internet de banda larga e de outras tecnologias da informação e da comunicação".

Fonte: Relatório do Secretário-Geral, 12 de fevereiro de 2010, A/64/665.

Índice

Definições

OITIRS - Organizational Information Technology/Systems Innovation Readiness Scale.

ORC - Organizational and functioning readiness for change scale.

MDG - Millennium Development Goals.

WHO – World Health Organization.

OTA -Congressional Office of Technology Assessment.

NAS - National Academy of Science.

NAE - National Academy of Engineering.

LRS - Legislative Reference Services.

HTA - Health Technology Assessment.

TA - Technology Assessment.

ERP – Enterprise Resource Planning.

CRM – Customer Relationship Management.

KEPH- Kenya Essential Package for Health

EHR – Electronic Health Record.

BER - Higher transmission bit error rates.

QoS - Difficulty in ensuring quality of service.

Teleradiology – use of ICT to transmit digital radiological images (e.g. X-ray images) from one location to another for the purpose of interpretation and/or consultation.

Telepathology – use of ICT to transmit digitized pathological results (e.g. microscopic images of cells) for the purpose of interpretation and/or consultation.

Teledermatology – use of ICT to transmit medical information concerning skin condition (e.g. tumours of the skin) for the purpose of interpretation and/or consultation.

Telepsychiatry – use of ICT for psychiatric evaluations and/or consultation via video and telephony.

Health - a state of complete physical, mental and social well-being including the absence of disease or infirmity (WHO, 1948).

Resumo

A preparação é um passo importante e inicial na implementação bem sucedida de sistemas de saúde em linha. Esta síntese da literatura sobre modelos e quadros de preparação para a saúde em linha analisará estudos publicados e revistos por pares neste contexto, centrando-se na avaliação de modelos de preparação para a saúde em linha que possam ser utilizados no Quénia e nos países em desenvolvimento.

A saúde eletrónica é a utilização das tecnologias da informação e da comunicação (TIC) para a saúde, tal como definido pela Organização Mundial de Saúde (OMS). A implementação e a adoção das TIC nos cuidados de saúde estão a ser cada vez mais desenvolvidas na África Subsariana, em particular no Quénia, com o objetivo de reforçar diferentes componentes do sistema de saúde. A adoção de tais soluções de saúde em linha apresenta, por conseguinte, uma série de potenciais benefícios para os sistemas de saúde, que incluem o aumento da eficiência dos cuidados de saúde, a melhoria da qualidade dos cuidados, a redução dos custos, o reforço das estruturas de governação do sistema de saúde, alargando assim a prestação de cuidados de saúde para além das suas fronteiras convencionais para uma distribuição equitativa dos cuidados de saúde às áreas marginalizadas e aos grupos populacionais vulneráveis.

Através deste estudo, verificou-se que vários modelos e quadros de preparação para a saúde em linha se concentraram nas áreas que reflectem os prestadores de cuidados de saúde e as perspectivas organizacionais, mas não há cobertura de todo o ecossistema de cuidados de saúde. Não há clareza sobre as métricas utilizadas na avaliação dos níveis de preparação e, por conseguinte, isto constitui um problema para os quadros de avaliação da preparação para a saúde em linha. Dado que as organizações precisam de avaliar a sua preparação para as inovações tecnológicas, é também importante notar que uma implementação bem sucedida da saúde em linha exige mais do que apenas tecnologia. Por conseguinte, é da maior importância avaliar a preparação para a saúde antes do início da implementação. Esta preparação é o grau em que o público, as organizações de cuidados de saúde e o próprio sistema de saúde estão preparados para participar e ter êxito na implementação da saúde em linha.

Palavras-chave: saúde em linha, telemedicina, sistemas de saúde, preparação para a saúde em linha, saúde móvel

Antecedentes

O Governo do Quénia, na sua política Visão 2030, identifica as TIC como um fator determinante para alcançar um pilar económico relacionado com a externalização de processos empresariais (outsourcing) e a cobertura universal de saúde. De acordo com o relatório da Autoridade das Comunicações do Quénia (CAK) para o primeiro trimestre do ano financeiro de 2017/2018, o número de assinaturas móveis situou-se em 41,0 milhões, contra 40,2 milhões no trimestre anterior. Isto significa um crescimento de 1,9% durante o período. Isto significa também que a penetração das comunicações móveis aumentou 1,7%, atingindo 90,4%, contra 88,7% registados no trimestre anterior. Num outro estudo realizado em 2011, estimava-se que 93% dos agregados familiares quenianos possuíam um telemóvel.

As estatísticas significam simplesmente que o Quénia lidera o crescimento das TIC na África Oriental, sendo a capital, Nairobi, referida como a "Savana do Silício" devido ao seu papel de centro de tecnologias da informação. Um estudo da UIT sobre assinaturas de telemóveis indica que o Quénia está à frente da região da África Oriental em termos de conetividade e acesso móvel. As figuras 1 e 2 abaixo mostram países africanos selecionados, onde o Quénia ocupa o terceiro lugar, depois da África do Sul e da Etiópia.

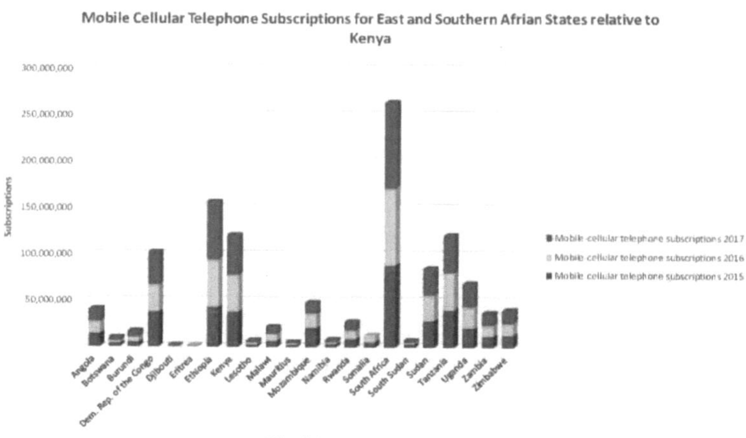

Figura 1: Assinatura de telefone móvel celular nos Estados da África Oriental e Austral: Fonte: adaptado do relatório da UIT sobre telefonia móvel celular 2000-2017 https ://www. itu. int en.HU-1)StatistιcsTagesslat treemap. aspx

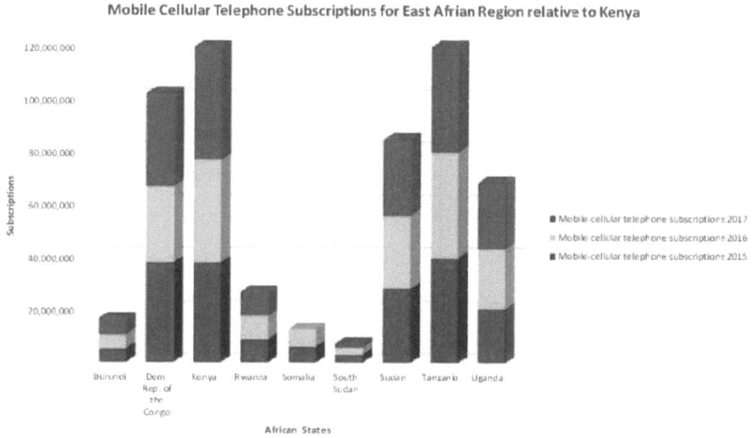

Figura 2: Assinatura de telefone móvel celular nos Estados da África Oriental e Austral: Fonte: adaptado do relatório da UIT Mobile cellular 2000-2017 https://www.itu.int/en/ITU-D/Statistics/Pages/stat/treemap.aspx

Este crescimento do acesso às telecomunicações móveis no Quénia pode significar um aumento da vitalidade da implementação de projectos de saúde em linha no país. De acordo com a quinquagésima oitava reunião da Assembleia Mundial da Saúde, realizada em maio de 2005, foi adoptada uma resolução WHA58.28 para estabelecer uma estratégia de saúde em linha para os Estados membros da OMS. Com o crescente interesse global criado para implementar esta estratégia, há uma relativa falta de instalações, competências, fundos e informações sobre as iniciativas de saúde em linha existentes em África. Em apoio aos crescentes projectos de saúde em linha no Quénia, o Ministério da Saúde lançou em 2011 a primeira Estratégia Nacional de Saúde em Linha do Quénia 2011-2017.

Capítulo 1

Introdução

O sector da saúde registou um crescimento sem precedentes devido ao advento das TIC (Adewele, 2004), que revolucionou a prestação de cuidados de saúde nos países desenvolvidos. Os benefícios documentados das TIC no sector da saúde são mais pertinentes para os países desenvolvidos, com menos dados disponíveis nos países em desenvolvimento. A utilização das TIC e de outras tecnologias na prestação de cuidados de saúde deu origem aos conceitos de Telemedicina, Telessaúde, Telecuidados, M-Saúde, E-Saúde, que são muitas vezes utilizados indistintamente (Norris, 2002). Qualquer um destes conceitos implica a utilização das TIC para efeitos de prestação de cuidados de saúde. Embora a adoção das TIC na prestação de cuidados de saúde possa proporcionar vários benefícios nos países em desenvolvimento, há duas razões básicas que obrigam à implementação de tais projectos de TIC (Craig e Patterson, 2005). A primeira razão inclui a ausência de alternativas à prestação de cuidados de saúde, especialmente com problemas relacionados com a acessibilidade. A segunda razão são as vantagens geográficas de alguns projectos de TIC relacionados com a saúde em relação à medicina convencional. Com efeito, o benefício da telemedicina vai para além do seu reconhecimento a nível tecnológico e passa a ser reconhecido socialmente no sistema de saúde (Bashur, Readon e Shannon, 2002).

O Quénia tem pouco mais de 6 150 estabelecimentos de saúde, de acordo com os dados de 2011-2017

Relatório sobre a estratégia nacional de saúde em linha do Quénia. Há uma mistura de instalações públicas ou governamentais, cerca de 41%, e instalações privadas, cerca de 44%, com 15% de instalações baseadas em ONG e missões. O relatório refere ainda que dezanove dos duzentos e cinquenta e quatro hospitais distritais não dispõem de computadores para o pessoal de saúde. Catorze destes, representando 20%, têm computadores e acesso à Internet para o pessoal médico. 23% dos responsáveis médicos distritais declararam não dispor de computadores e de acesso à Internet. Enquanto a disponibilidade de computadores e o acesso à Internet se tornam um desafio, o fornecimento de energia eléctrica é também outro problema que afecta a implantação da tecnologia. Menos de metade dos hospitais distritais têm acesso a eletricidade a 100% a tempo inteiro.

O Ministério da Saúde do Quénia criou um mecanismo de prestação de serviços de saúde segundo o qual a prestação de serviços de saúde é categorizada em seis níveis, conhecidos como os níveis essenciais para a prestação de serviços de saúde. Existem 6.150

estabelecimentos de saúde classificados em seis níveis, como mostra a figura 3.

Figura 3: Níveis de cuidados da KEPH

A figura 3 ilustra os seis níveis de prestação de serviços da KEPH, geridos pelo governo do Quénia, tendo cada nível responsabilidades diferentes. O nível comunitário inclui as aldeias, os agregados familiares e os indivíduos.

A comunidade, que é o nível 1 dos cuidados de saúde, permite que a sociedade decida sobre as suas próprias prioridades, assegurando assim a apropriação e o empenhamento nos serviços de saúde. Esta é a base das prioridades da prestação de serviços de saúde, uma vez que permite que a comunidade disponha de informações e competências.

Os dispensários, clínicas, centros de saúde e maternidades ou lares de idosos nos níveis 2 e 3 promovem principalmente cuidados preventivos e alguns serviços curativos. Os níveis 4 a 6, primário, secundário e terciário, destinam-se principalmente à prestação de serviços curativos e de reabilitação. Estes níveis de prestação de serviços têm, por conseguinte, um sistema de encaminhamento que depende da disponibilidade de conhecimentos especializados para tratar o problema de um determinado doente.

Os desafios em matéria de infra-estruturas humanas também tornaram necessária a saúde em linha. Uma grande percentagem da população que vive no campo ou em locais distantes tem dificuldade em encontrar cuidados de saúde especializados de boa qualidade e no momento certo. A população rural raramente tem acesso a médicos especialistas. Os especialistas estão normalmente localizados nas zonas urbanas e alguns deles cobrem apenas 20% da população. De acordo com o relatório sobre a estratégia de saúde em linha 2011-2017, 80% dos médicos servem 20% da população

Na medida em que os médicos especialistas estão concentrados nos centros urbanos, as infra-estruturas de cuidados de saúde também sofrem de desequilíbrios entre as regiões e entre as zonas urbanas e rurais. Há escassez de pessoal e falta de investimento nesta cobertura. O resumo que se segue, no quadro 1, mostra a relação entre o pessoal e os doentes, de acordo com o relatório do Quénia 2011-2017. Por conseguinte, a falta de médicos em número suficiente pressiona a procura de formas modernas e de melhores soluções para as interações entre médicos, a fim de maximizar as capacidades do pessoal existente. Estas novas soluções e a descoberta de novas formas de comunicação através das tecnologias da informação garantirão a realização de vastas secções de práticas médicas, mesmo que o médico doente se encontre em diferentes regiões geográficas.

Quadro 1: Situação do pessoal no Quénia Adotado do relatório da estratégia nacional de saúde em linha do Quénia 2011-2017, Fonte: Departamento de Recursos Humanos do MOMS

Workforce	**Total**	**Approximate ratio of workforce per patient**
Doctors	1513	1:26438
Dentists	169	1:236686
Pharmacists	283	1:141343
Clinical Officers - CO's	2104	1:19011
Nurses	16227	1:2465
Other Health Staff	9720	1:4115
Non Health Staff	5615	1:7124
Overall	**35631**	

As disparidades nos estabelecimentos de saúde mostradas no mapa de distribuição geográfica na figura 4, abaixo, mostram que as grandes cidades do Quénia têm uma maior presença de estabelecimentos de saúde privados do que as zonas rurais remotas.

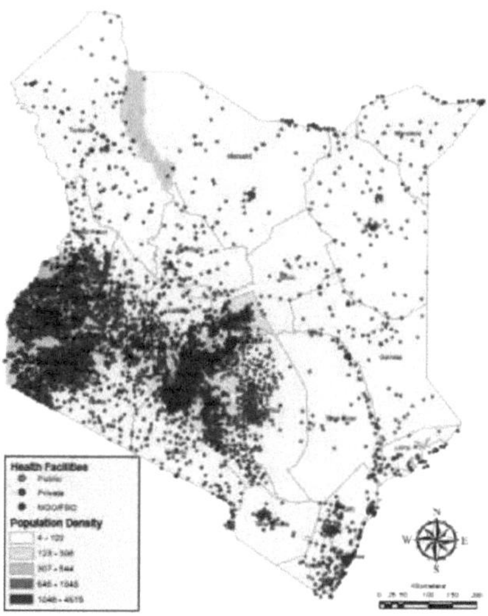

Figura 4: Mapa das instalações de cuidados de saúde no Quénia

Quadro 2: Recomendações da OMS em matéria de pessoal. Fonte: Relatório sobre a Saúde Mundial da OMS de 2006: MOMS.2008. Factos e Números.

WHO recommended minimum staffing (doctors, nurses, midwives) per 1,000 population	2.3
Kenya levels (doctors, nurses, midwives) per 1,000 population	1.5
% increase required to achieve WHO minimum recommended levels	53

Contrariamente às recomendações da OMS em matéria de pessoal, o Quénia tem aproximadamente dezoito médicos por cada cem mil pessoas. Isto está de acordo com números recentes que também afirmam que o Quénia tem cerca de 128 enfermeiros por 100.000. Os dados do quadro 2 mostram que é necessário aumentar os quadros profissionais essenciais em cerca de 50% para que o Quénia cumpra as recomendações da OMS em matéria de pessoal.

De acordo com Nykanen (2006), a saúde eletrónica é a fusão entre a prática médica e as tecnologias dos sistemas de informação para promover melhores cuidados médicos. A saúde em linha é, portanto, "uma aplicação das tecnologias da informação e da comunicação (TIC) em toda a gama de funções que afectam a saúde" (Silber (2003). Sendo um domínio novo, a saúde eletrónica é o ponto de encontro entre a informática da saúde, a saúde pública e as empresas. Eysenbach (2001) refere-se aos serviços de saúde como informação veiculada através da Internet e das suas tecnologias conexas.

Capítulo 2

Projectos de sistemas de saúde eletrónica

Um estudo de Ammenwerth e Overhage et.al mostra que a maioria dos estudos efectuados com vista à avaliação dos sistemas de cuidados de saúde se centrou no contexto pós-implementação, ou seja, depois de os sistemas de saúde em linha terem sido implantados. Na medida em que a avaliação pós-implementação é vital para a determinação dos valores de sucesso, também contribui para as melhores práticas que se baseiam em provas e na experiência (Alexander, 2007). Contrariamente a isto, as avaliações pré-implementação têm como objetivo dar orientações aos decisores no que diz respeito à tarefa de desenvolvimento subsequente (Brender, 2006).

Os objectivos destes projectos de sistemas de saúde em linha incluem a facilitação da prestação de serviços de saúde rentáveis e de qualidade a um grande número de pessoas que vivem em zonas rurais e urbanas. A Visão 2030 do Quénia em matéria de saúde afirma que a prestação de serviços de saúde equitativos e pouco dispendiosos aos quenianos é fundamental. Com a visão 2030, o Quénia planeia reestruturar a prestação de serviços de saúde para dar ênfase aos cuidados de promoção. Espera-se que isto reduza o peso das doenças no Quénia.

O Quénia pretende implantar serviços de saúde eficazes, de fácil acesso, pouco dispendiosos, seguros e que respondam às necessidades dos utentes e que sejam alimentados pelas TIC. Isto está bem articulado no relatório sobre a estratégia nacional de saúde em linha do Quénia para 2011-2017. A estratégia de saúde em linha do Quénia destaca e tenta resolver alguns problemas estratégicos enfrentados durante a aplicação do quadro político da saúde do Quénia (1994-2010). Os planos estratégicos incluíam as desigualdades de acesso nas zonas urbanas e rurais. Outras áreas analisadas são as infra-estruturas de saúde inadequadas em todo o país, a escassez de recursos humanos no sector da saúde, o elevado custo do acesso à saúde e as limitações de disponibilidade financeira.

A figura 5 abaixo mostra os projectos de saúde em linha no Quénia por condado e está categorizada pela área estratégica de implementação e pelos projectos nacionais.

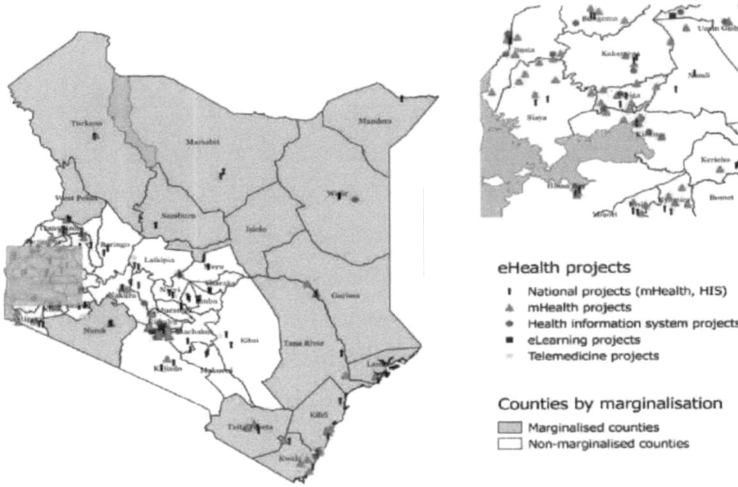

Figura 5: Projectos de saúde em linha no Quénia: Fonte: Literatura

Uma área em que os debates têm avançado para efeitos de lançamento e manutenção de projectos TIC nos sectores da saúde dos países em desenvolvimento é a avaliação do grau de preparação. As caraterísticas dos sistemas de saúde em linha (como os sistemas partilhados, abertos, sociotécnicos e heterogéneos) são mais complexas e difíceis e exigem que a sua implementação seja precedida de uma avaliação do grau de preparação para determinar os factores de sucesso.

O Quénia está repleto de soluções de saúde em linha destinadas a resolver muitos problemas nos sectores público e privado. Mas um número considerável destas inovações não chega a ver a luz do dia. Isto de acordo com um artigo publicado no diário económico de segunda-feira, 23 de junho de 2014, por Sara Ooko. Sara Ooko diz que é quase impossível saber onde estão estas tecnologias. O país não dispõe de uma forma de rastrear estas inovações. Mas, por detrás destas histórias de sucesso, há um desafio ainda maior. O Centro para as Inovações no Mercado da Saúde (CHMI) refere que apenas quarenta e quatro por cento das inovações na área da saúde eletrónica são incubadas na vida real no país. Ou seja, sessenta por cento delas desaparecem no caminho e nunca fornecem as soluções de cuidados de saúde previstas. O CHMI refere que, para acelerar e aumentar a escala dos projectos de saúde em linha, é necessário enfrentar desafios como a conceção de soluções económicas e de soluções que satisfaçam as necessidades do mercado. Os empresários devem ter em conta os atributos humanos, como a conduta, as atitudes e as mentalidades dos utilizadores finais e de outros intervenientes no ecossistema. As pessoas têm tendência para se afastarem, independentemente da relevância do produto, devido às suas complexidades e complicações.

Saúde móvel: as implementações de saúde móvel requerem um planeamento adequado, tal como qualquer outro projeto. Scott e Mars (2015) sublinham a necessidade de prestar atenção à gestão da mudança e à preparação em conjunto com as equipas locais que estão envolvidas desde o início até à implementação e funcionamento completos. Com base na situação atual, por vezes os aspetos socioeconómicos tornam-se mais influentes no sucesso da implementação do que os aspetos técnicos (Ginige, Maeder, & Long, 2014). As provas são um dos desafios mais frequentemente destacados nas implementações de saúde móvel. Evidências não fiáveis ou inadequadas para a eficiência médica foram destacadas por vários estudos e em revisões sistemáticas da saúde móvel. O efeito das métricas dos serviços e processos de cuidados de saúde, o custo da saúde móvel, a aceitabilidade pelos pacientes e médicos ou o seu resultado final, de acordo com Kallander (2013), Free (2013), Bastawrous e Armstrong (2013), Hall, Fottrell, Wilkinson e Byass (2014), Feiris, Praveen, Johnson e Mogulluru (2014), Chib, van Velthoven e Car (2015), Scott e Mars (2015).

Um relatório da Organização Mundial de Saúde (OMS) indica que, embora as TIC nos cuidados de saúde ofereçam um grande potencial em geral, podem ser mais relevantes e benéficas para países com recursos limitados e em desenvolvimento (OMS, 2010). Por exemplo, os projectos de telemedicina podem ajudar a satisfazer necessidades de saúde até agora não satisfeitas (Brandling-Bennett, Kedar, Pallin, Jacques, Gumley, & Kvedar, 2005), tendo assim um impacto significativo e positivo nos cuidados de saúde. A telemedicina oferece oportunidades pragmáticas para a prestação de cuidados de saúde à distância nos domínios da avaliação, do diagnóstico, dos tratamentos e do acompanhamento (Kifle Mbarika & Datta, 2006; Padhan, 2004). Oferece também uma oportunidade para os doentes procurarem um tratamento precoce e cumprirem os horários de tratamento, melhorando assim a qualidade de vida dos doentes, reduzindo as consultas e as transferências de doentes e os custos de deslocação e o stress. Os serviços de telemedicina podem motivar os profissionais a permanecer em centros de saúde remotos devido ao apoio que recebem de outros profissionais de saúde (Gagnon et al., 2006), proporcionando assim uma fonte de tranquilidade tanto para os profissionais de saúde como para os doentes em zonas remotas

(OMS, 2010).

O relatório de 2016 da Organização Mundial de Saúde sobre os programas de telessaúde para o Quénia indica que as perguntas sobre telerradiologia, teledermatologia, telepatologia, telepsiquiatria e monitorização remota de doentes nunca foram respondidas, conforme a tabela 3 abaixo.

Legenda

± Indica que a pergunta não foi respondida

Nível local ou periférico - postos de saúde, centros de saúde que prestam cuidados de nível básico

Informal - utilização das TIC para fins de saúde na ausência de processos e políticas formais.

Quadro 3: Relatório de 2016 da Organização Mundial de Saúde sobre programas de telessaúde para o Quénia | Fonte: http://who.int/goe

Telehealth program's country overview		
	Health system level	Programme type
Teleradiology	Local	Informal
Teledermatology	±	±
Telepsychiatry	±	±
Telepathology	±	±
Remote patient monitoring	±	±

A preparação para os sistemas de saúde em linha deve, portanto, ser considerada como uma pedra angular necessária para a implementação de sistemas de saúde em linha, o que é particularmente importante nos países em desenvolvimento onde os recursos são escassos. No entanto, na maioria dos países africanos onde foram implementados alguns projectos de TIC relacionados com a saúde, não foram realizados estudos de avaliação da preparação antes de esses projectos serem lançados.

Capítulo 3

Desafios da saúde em linha

De acordo com Nykanen (2006), a saúde eletrónica é a fusão entre a prática médica e as tecnologias dos sistemas de informação para promover melhores cuidados médicos. A saúde em linha é, portanto, "uma aplicação das tecnologias da informação e da comunicação (TIC) em toda a gama de funções que afectam a saúde" (Silber (2003). Sendo um domínio novo, a saúde eletrónica é o ponto de encontro entre a informática da saúde, a saúde pública e as empresas. Eysenbach (2001) refere-se aos serviços de saúde como informação veiculada através da Internet e das suas tecnologias conexas.

A análise da literatura revela que a saúde em linha se insere num âmbito mais vasto de estudo da informação sobre saúde. Analisa os recursos, as ferramentas e os processos necessários para maximizar a aquisição, o armazenamento, a extração e a utilização destes sistemas nos domínios médico e biomédico. Por outro lado, a saúde em linha tem sido definida como a base para a melhoria da saúde, a cola que mantém os sistemas médicos unidos e o óleo que mantém os sistemas de saúde em funcionamento. No entanto, uma visão mais ampla mostra que os sistemas de informação em matéria de saúde são uma parte essencial do sistema de saúde, com limites operacionais que contêm todos os materiais, os actores dos estabelecimentos que formulam as regulamentações, os contribuintes financeiros de intenções acionáveis orientadas para a proteção, a promoção e a melhoria da saúde.

O lado da procura do domínio da informação sobre saúde tem necessidades diversas em termos de beneficiários e de utilização para os doentes, a sociedade, os fornecedores de serviços, os administradores de programas, os responsáveis pela elaboração de estratégias, os organismos de financiamento, as organizações e agências mundiais. Estes diferentes utilizadores necessitam de informação para vários tipos de medições de saúde. A procura de diferentes ferramentas e métodos aumenta, mas não se limita a: sistemas de registo de recenseamento, agregados familiares, inquéritos a instalações, dados hospitalares de encaminhamento, monitorização de doenças, protótipos de sistemas de saúde de sistemas financeiros nacionais.

A principal função dos sistemas de saúde é integrar os dados dos vários sistemas relacionados, partilhá-los e distribuí-los aos vários utilizadores, para verificar se a utilização racional, eficiente e eficaz dos dados é conseguida de forma racional, melhorando simultaneamente as acções de bem-estar. Contrariamente aos benefícios, há uma perceção crescente de que estes sistemas de saúde em linha raramente funcionam de acordo com o plano previsto. Verifica-se um aumento generalizado do desapontamento e da frustração entre os criadores e os beneficiários da saúde em linha. A necessidade de informação continua a não ser satisfeita, apesar da existência de sistemas de recolha de dados com uma utilização maciça e pouco integrada dos dados de saúde. A necessidade de explorar metodologias para melhorar a utilização dos dados de saúde e de desenvolver políticas que garantam o desenvolvimento de aplicações mais coerentes e eficazes tem vindo a aumentar.

Os países em desenvolvimento estão em desvantagem no que respeita à prestação de cuidados de saúde. Por conseguinte, esta questão deve ser abordada em primeiro lugar. Por conseguinte, os cuidados de saúde tornam-se uma preocupação para toda a população. De acordo com a OMS (2006) e Watts et al (2005), alguns dos desafios que afectam os cuidados de saúde nos países em desenvolvimento são tão críticos como as doenças crónicas, a falta de equipamentos e a falta de pessoal qualificado em número suficiente. Um sistema de saúde deficiente é prejudicial para a prosperidade e a rendibilidade das empresas e não atenuará a miséria. A gestão adequada dos cuidados de saúde é vital para os países em desenvolvimento porque tem um impacto direto nos níveis de mortalidade da população.

O principal objetivo da saúde em linha é facilitar a prestação de cuidados de saúde a populações remotas que raramente são devidamente servidas pelos serviços de saúde tradicionais. As pessoas precisam cada vez mais que os serviços de saúde sejam prestados de forma eficiente e com total acessibilidade para todos (Haglund, 2002). A saúde em linha é um passo revolucionário no sentido de acabar com os sistemas de saúde tradicionais baseados em papel. De acordo com a Organização Mundial de Saúde de 2005, as aplicações de saúde em linha, tais como a transmissão de dados digitais, a classificação e a recuperação de informações electrónicas, destinam-se a ajudar as zonas remotas a obter apoio local em matéria de cuidados de saúde. Os cuidados de saúde em linha ajudam nos mecanismos de intervenção preventiva, no diagnóstico e na gestão dos doentes, com objectivos de longo alcance diferentes dos de outros sistemas de informação, como os sistemas empresariais. O objetivo dos outros sistemas de informação é melhorar a eficácia e a eficiência dos processos empresariais para permitir a produtividade e a rentabilidade das organizações. Os sistemas de saúde em linha, tal como qualquer outra implementação de sistemas de informação, implicarão uma reformulação do trabalho e mudanças perturbadoras no local de trabalho. De acordo com Eric et al (2006), a infraestrutura das TIC permitirá a unificação dos peritos em saúde, que estarão então em posição de adotar a tecnologia de forma eficiente e eficaz. Por conseguinte, é importante que esses sistemas, que irão provocar uma mudança na forma de fazer as coisas, sejam sujeitos a uma avaliação para determinar a sua utilização e aceitação contínuas.

O custo financeiro representa um fator de risco e é visto como uma questão fundamental durante a implementação de projectos de sistemas de informação relacionados com a saúde em países do terceiro mundo. Isto está de acordo com o estudo efectuado por Lanre Makanjuola (2009), Pal. Mbarika, Datta, Cobb-Payton McCoy (2005), Xue Liang (2007). O elevado custo de aquisição da logística necessária (tanto software como hardware), o custo de transporte, o custo de manutenção, o custo de formação do pessoal e outros custos imprevistos, conduzem a um custo mais elevado de tais inovações, o que poderia dissuadir as instituições governamentais de se empenharem em tais inovações. O problema pode ainda ser exacerbado pela fraca evidência da relação custo-eficácia dos projectos de TIC relacionados com a saúde (Kaplan, 2006). A falta de conhecimentos sobre as implicações económicas dos projectos de TIC relacionadas com a saúde em diferentes contextos pode também desmotivar o interesse por esses projectos (Swanepoel et al., 2010).

Infra-estruturas como as que suportam a utilização das actuais tecnologias da Internet, bem como o apoio às operações de qualquer projeto de TIC relacionado com a saúde, continuam a ser um constrangimento (OMS, 2010). O acesso restrito a computadores e à informática (Alverson et al., 2009; Martinez et al., 200: Pradhan, 2004) e a outra logística das TIC continuam a ser um desafio. Tal como estes desafios afectam os países em desenvolvimento, a conetividade à Internet continua a ser um problema (Geissbuhler et al., 2003). Vale a pena mencionar que nos países em desenvolvimento (por exemplo, o Quénia) a conetividade de acesso à Internet é limitada nas instituições de saúde. Mas onde existe conetividade à Internet, esta está, na sua maioria, rodeada de um ou mais problemas, tais como conetividade não fiável, vírus informáticos, energia e largura de banda limitada. Quando a conetividade à Internet apresenta problemas de largura de banda e congestionamentos, as aplicações de saúde, como a recuperação e a resolução de imagens, podem ficar comprometidas e, consequentemente, a eficácia do diagnóstico remoto será afetada negativamente. A normalização e a interoperabilidade também se tornam uma grande preocupação e os centros de saúde onde existe alguma forma de serviço de telemedicina podem afetar a comunicação entre sistemas.

As competências e os conhecimentos **dos recursos humanos** em matéria de TIC também continuam a ser um desafio substancial para a implementação de projectos de TIC relacionados com a saúde nos países em desenvolvimento (OMS, 2010). A maioria dos profissionais de saúde nos países em desenvolvimento são analfabetos informáticos (Sood e Bhatia, 2005; Xue Liang, 2007), pelo que a utilização destes computadores para ajudar na prestação de cuidados de saúde pode representar grandes desafios para estes indivíduos. Além disso, o tempo necessário para que estes analfabetos informáticos adquiram as operações informáticas básicas
e, em seguida, transferir as competências adquiridas para um projeto específico também pode dificultar a sua aceitação.

Além disso, os profissionais das instituições de saúde podem não estar conscientes dos benefícios desses sistemas (al Shorbaji, 2008; Alverson et al., 2009; Thara, John, e Rao, 2008; Tomasi, Facchini, e Maia, 2004; Xue e Liang, 2007; 67, 68). Noutros casos, os profissionais de saúde têm algum receio de que a integração de novas tecnologias de comunicação nos processos de trabalho existentes possa alterar a forma como têm vindo a fazer as coisas em termos de práticas de trabalho e de interrupção do fluxo de trabalho. Isto afecta grandemente a aceitabilidade dessas tecnologias (OMS, 2010).

Um destaque da OMS sobre alguns dos principais obstáculos à implementação da telemedicina é: perceção de que os custos da telemedicina são demasiado elevados; nos países em desenvolvimento, é mais provável que considerem questões relacionadas com os recursos, tais como custos elevados, infra-estruturas subdesenvolvidas e falta de conhecimentos técnicos. Já nos países desenvolvidos, é mais provável que considerem as questões jurídicas relacionadas com a confidencialidade da privacidade dos doentes, as prioridades concorrentes dos sistemas de saúde e a falta de confiança como obstáculos à implementação da telemedicina.

Em suma, as atitudes dos utilizadores em relação aos serviços em linha em geral, e à saúde em linha especificamente, podem ser influenciadas pelos desafios existentes em matéria de saúde em linha, juntamente com as questões de segurança da privacidade. A privacidade eletrónica, a utilização da Internet nos cuidados de saúde, a aceitação da tecnologia, a importância da confiança na saúde em linha, o custo, a indisponibilidade de infra-estruturas de tecnologias da informação e a simples falta de pessoal especializado com competências em TIC constituem um desafio fundamental que tem de ser resolvido muito antes de qualquer possibilidade de implementação de sistemas de TIC relacionados com a saúde (Watson 2006).

No caso das aplicações de telemedicina que utilizam a rede GSM para a saúde móvel, a rede GSM sofre desconexões frequentes, handover em branco (>*1ms* para a maioria das redes celulares), desconexão da bateria descarregada, tempo de recarga da bateria, desconexão voluntária (desligada para preservar a energia da bateria, também frequentemente durante a noite pelos utilizadores), roubo e danos causados por ambientes hostis e desconexões por roaming.

Os países em desenvolvimento podem também ser afectados por larguras de banda de comunicação limitadas, o que pode resultar de

- Ordens de magnitude mais lentas do que a rede fixa
- Taxas de erro de bit de transmissão (BER) mais elevadas
- População celular não controlada
- Dificuldade em garantir a qualidade do serviço (QoS)
- Questões de disponibilidade (controlo de admissão)
- Largura de banda duplex assimétrica
- A largura de banda de comunicação limitada agrava a limitação da vida útil da bateria.

Países em desenvolvimento Percurso acentuado até às ferramentas de saúde em linha

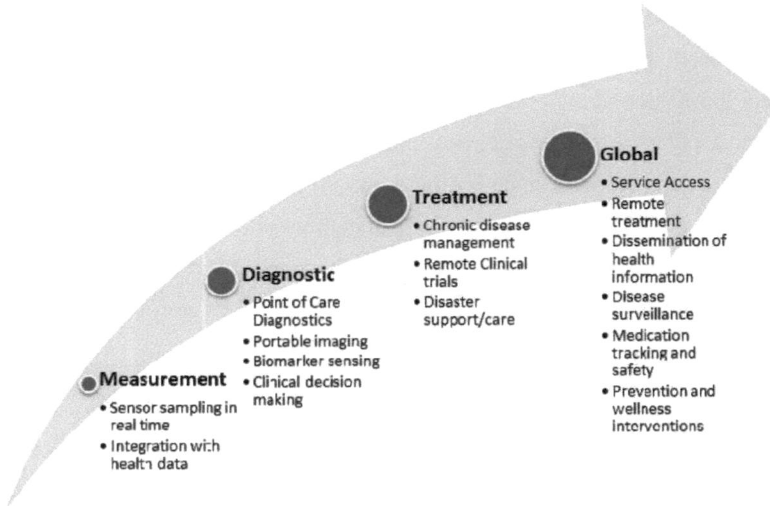

Figura 6: Países em desenvolvimento: caminho íngreme para as ferramentas de saúde em linha: Fonte: Literatura

Capítulo 4

A evolução da avaliação das tecnologias da saúde

A Avaliação Tecnológica (AT) surgiu em 1965 durante uma reunião do comité sobre ciência e astronáutica na Câmara dos Representantes do Congresso dos Estados Unidos da América. O objetivo da reunião era ajudar os decisores políticos a tomar decisões adequadas (Goodman, 2004). No entanto, como explica Goodman (2004), a informação técnica pormenorizada que era esperada pelos decisores políticos não estava disponível, nem sequer na forma correta. Por conseguinte, os decisores políticos não podiam avaliar o mérito ou as consequências de qualquer sistema tecnológico no contexto técnico. Isto implica que os decisores políticos consideravam as consequências sociais, económicas e legais para quaisquer decisões que tivessem de tomar, com pouca ou nenhuma consideração pelos pormenores técnicos. Goodman (2004) afirma que o Congresso encomendou um estudo independente através da referência judicial, a Academia Nacional de Ciência e Engenharia, para investigar e influenciar o desenvolvimento e a aplicação da avaliação tecnológica, que poderia ser um instrumento útil para os decisores políticos. Estes estudos e outras audições do Congresso levaram à criação de um gabinete OTA (Office of Technology Assessment). O OTA ficou totalmente operacional em 1974 (Health Technology Assessment Information, 2003).

McIver e O'Donnell (2005) sublinham que as metodologias de avaliação das tecnologias têm de ser adaptadas a um domínio específico como a saúde e a avaliação dos sistemas de saúde. A introdução da avaliação dos sistemas de saúde coincidiu com o desenvolvimento da avaliação tecnológica, que suscitou um interesse público generalizado na década de 1960 (Goodman, 2004).

A ATS (Avaliação das Tecnologias da Saúde) é a investigação estruturada dos sistemas de saúde, com todos os problemas tecnológicos associados, efectuada com o objetivo de contribuir para a definição de políticas, de acordo com o congresso de avaliação tecnológica dos EUA, em 1994. A Avaliação das Tecnologias da Saúde é ainda definida pela Health Technology Assessment Information (2003) como um estudo baseado na avaliação prática dos conhecimentos existentes aplicáveis sobre o impacto e as consequências diretas e não intencionais da tecnologia. Goodman (2004:15) definiu a ATS como uma avaliação sistemática dos atributos e da influência dos sistemas de saúde. Bozic et al. (2004:1305) explica que a avaliação das tecnologias da saúde é um domínio emergente que se centra numa avaliação multidisciplinar dos dados médicos com base na segurança e na eficiência e nos elementos monetários da aquisição de tecnologias. Bozic et al. (2004:1305) afirmam ainda que a tecnologia dos cuidados de saúde é uma amálgama de todos os medicamentos, dispositivos, procedimentos clínicos, que são utilizados para os cuidados médicos numa organização, juntamente com as suas estruturas de apoio no âmbito das quais esses cuidados são prestados. Draborg; Gyrd-Hansen; Poulsen; Horder (2005:89) definiram a Avaliação das Tecnologias da Saúde como um estudo político que verifica as implicações sociais a curto e a longo prazo da utilização de tecnologias ou aplicações.

O objetivo da sua definição era ajudar na tomada de decisões. Draborg et al. (2005:90) explicam que a avaliação dos sistemas de saúde é uma área multidisciplinar de estudo de políticas em que se investiga as implicações fiscais, morais, sociais e medicinais do desenvolvimento. Analisa a difusão da utilização da tecnologia da saúde. Esta definição é considerada abrangente, uma vez que se centra principalmente em quatro aspectos, a saber: organização, economia, tecnologia, evidência clínica e doente, tendo cada um deles numerosas dimensões subjacentes (Draborg et al., 2005:90). Apesar das extensas delineações da ATS e de algumas das suas instituições em todo o mundo terem conseguido a sua própria clarificação para apresentar o veredito local no seu contexto (Draborg et al., 2005:90). Uma definição localizada típica é a definição dinamarquesa de ATS, que afirma que a ATS é uma avaliação completa e ordenada das postulações e preocupações sobre a relevância das tecnologias da saúde (Jorgensen, Hvenegaard e Kristensen, 2000:348).

A avaliação tecnológica pode ser efectuada retrospetivamente ou prospectivamente. O princípio de efetuar uma avaliação tecnológica no início de 1965 deu origem às abordagens contemporâneas de avaliação das tecnologias de cuidados de saúde. No contexto moderno dos cuidados de saúde, as avaliações podem ser efectuadas quer na fase de pós-implementação da inovação tecnológica, quer na fase de pré-implementação da inovação tecnológica. Estes dois termos são vitais na avaliação da preparação para a saúde em linha e, por isso, são explicados mais adiante. No contexto moderno dos cuidados de saúde, a fase pós-implementação da inovação tecnológica significa uma avaliação após a entrega de um sistema de saúde em linha (Ammenwerth, Eichstadter, Haux, Pohl, Rebel e Ziegler, 2001). A fase de pré-implementação, por outro lado, refere-se à avaliação antes da entrega de um sistema de saúde em linha. Enquanto Alexander (2007) salienta que a avaliação da pós-implementação é vital para a realização e o valor do sistema, as avaliações da pré-implementação nos cuidados de saúde, de acordo com Brender (2006), estão orientadas para os decisores e os responsáveis políticos no que respeita às implementações subsequentes. Na fase de pré-implementação e de preparação, a avaliação do sistema de saúde em linha deve abranger os seguintes aspectos Brender (2006):

Importância: Avaliar se a solução está em condições de resolver/desvendar completamente os desafios existentes de forma convincente, de acordo com o mandato e os requisitos da instituição.

Problemas: Aponta os pontos fracos e os riscos rudimentares inerentes à solução.

Probabilidade: Avaliar as posses básicas da organização que serão executadas na solução.

Abrangência e constância: avaliar se a solução é uma entidade articulada que não é nem mais nem menos. É avaliada qualquer circunstância periférica fora do controlo da organização que possa causar uma ameaça significativa ao projeto.

A avaliação da preparação institucional para a saúde em linha é, por conseguinte, um meio de identificar qualquer risco provável que possa causar o fracasso da introdução da inovação nas instituições de saúde. São categorizados no âmbito da preparação organizacional (Khoja et al., 2007).

Além disso, Prochsaka e DiClemente (1982) indicam que a transformação exige um avanço repetitivo em espiral, o que resultou na adição de um novo elemento às teorias prematuras da mudança. Acrescentaram duas fases anteriores à mudança efectiva, a saber

- **Fase de pré-contemplação**: é uma situação em que a comunidade não tem qualquer consideração sobre a transformação, em que a ignorância é evidente nos rostos da comunidade sobre a impossibilidade de mudança ou em que há basicamente necessidade de intenção de transformação.
- **Fase de contemplação**: é a fase em que se reflecte sobre a mudança (CANNARIE, 2002). Conduz à fase de preparação, em que se iniciam os planos de mudança. O conceito de prontidão é explicado nos parágrafos seguintes (Lewin, 1951; Prochaska e

DiClemente, 1982; Rogers, 1983; Armenakis, Harris e Mossholder, 1993).

Lewin (1951) refere-se à prontidão como uma noção que engloba a fase prematura da mudança e a duração entre o status quo congelado e o status de libertação, ou seja, o movimento dos indivíduos ou de uma comunidade da pré-meditação para a meditação e, finalmente, para a fase de preparação. Prochaska e DiClemente (1982) afirmam que o crescimento do ambiente social é favorável à migração de uma sociedade ou de pessoas que vão da pré-observação à observação e, finalmente, à fase de aterramento. O avanço de ambientes sociais que são favoráveis à distribuição e combinação de novas ideias. Rodgers (1983).

Por outro lado, a investigação de Rodgers (2003) sobre difusão e inovação afirma que a implementação da tecnologia por membros de um grupo social é grandemente subjectiva em função da eficácia das tecnologias, do seu valor e do seu significado para eles, bem como das necessidades dos contextos sociais e das perspectivas dos seus consumidores.

Isto significa que a prontidão é um passo vital e inicial na implementação triunfante da originalidade. Armenakis et al (1993) descrevem a prontidão como o originador do conhecimento adquirido para a condução de ambos os confrontos para ou sustentar a alteração do esforço. Durante a transformação, a disposição tem em consideração a capacidade de alterações e o grau em que as pessoas consideram a alteração como essencial. O modelo utilizado para a difusão das ideias sociais propõe que a vontade de uma pessoa reconhecer a mudança também pode ser afetada pela vontade de outras pessoas. Armenakis et al (1993), Romano (1995), Jennet (2005), explicam ainda que, para que a disponibilidade seja bem sucedida, os gestores da mudança devem adotar uma abordagem proactiva para influenciar as crenças, atitudes, intenções e comportamentos dos participantes na mudança.

Modelos e teorias de avaliação da preparação para a saúde em linha utilizados nos serviços de saúde

Atualmente, existem numerosos modelos de avaliação utilizados nas organizações de saúde, a maior parte dos quais avalia um aspeto específico dos cuidados de saúde e do seu ambiente. Cada um dos modelos de avaliação tem objectivos diferentes. Atualmente, existem seis modelos de avaliação habitualmente utilizados para a avaliação Coleman (2010).

Os modelos em questão incluem os que foram projectados por;

- Khoja (2007)
- Jennett (2005)
- Overhage (2005)
- Demiris (2004)
- Wickramasighe (2005)
- Campbell (2001)

No entanto, a questão que se coloca é a de saber qual o enquadramento teórico que orienta a avaliação da preparação para a saúde em linha nas instituições de cuidados de saúde, de modo a obter uma avaliação holística. Para responder a esta questão, serão avaliados os diferentes tipos de modelos de avaliação da prontidão para a saúde em linha e os resultados serão comparados com a hipótese da agenda em movimento, a fim de determinar a posição entre os dois que é suscetível de abraçar a hipótese em movimento como uma agenda essencial para a avaliação da prontidão para a saúde em linha, com base na teoria da atividade como quadro teórico de base para a avaliação da prontidão para a saúde em linha.

A teoria da atividade (TA), de acordo com (Verenikina 2001), implica um termo genérico derivado de filosofias e estudos heterogéneos das ciências sociais, que tem as suas raízes na teoria da atividade psicológica soviética. Os investigadores são obrigados a ter consciência da conduta do ser humano como complicada num contexto social que parece ser notável, e também a ir para modelos de manipulação e composição de ação ansiosa avançada (Ivan Pavlov e a sua escola), psicanálise e behaviorismo.

Esta teoria baseia-se numa agenda concreta de ação que é fundamental e que precede o pensamento, pelo que a ambição, os propósitos, as descrições, a experiência de representação, as simulações cognitivas, a filosofia teórica, ou seja, o determinante e a classificação, se desenvolvem a partir das formas de fazer das pessoas. Morf e Weber (2000).

A Teoria da Atividade está dividida em mecanismos lógicos de objectos, dispositivos e a entidade ou sujeitos. A entidade é o que está a ser estudado, o dispositivo é a ação proposta utilizada para a execução e o objeto é o resultado pretendido a partir de um dispositivo de mediação a partir do qual a realização é feita através da atividade Hasan (1998).

Engestrom (1995) modificou o trabalho inovador de Vygostky (Figura 7) sobre o movimento das presunções e fornece duas unidades extra de estudo com uma consequência implícita na conduta laboral. (Figura 8)

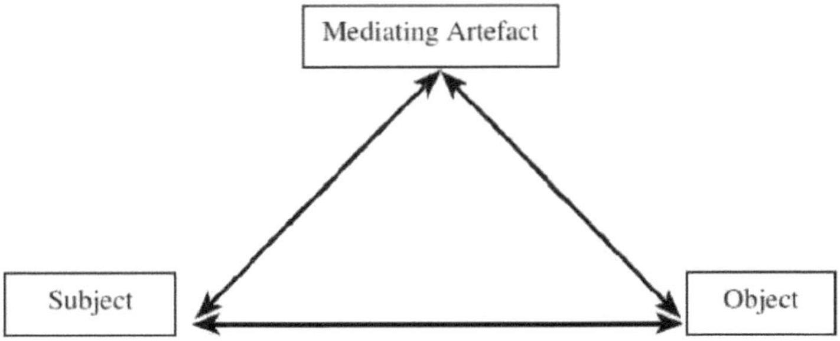

Figura 7: Origem da representação inventiva de Vygostky de uma obra mediada. Engestron (2001)

Para começar, as regras, que são designadas como um conjunto de circunstâncias que ajudam a encontrar uma solução sobre como e porquê as pessoas podem trabalhar, são um produto da formação comunitária. A seguir, a distribuição do trabalho, que atribui a partilha do trabalho e o procedimento de trabalho em conjunto com a comunidade de trabalhadores.

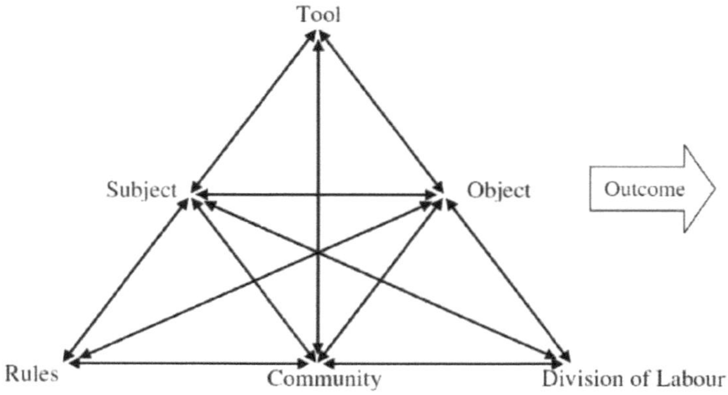

Figura 8: Modelo alargado da teoria da atividade de Engestrom (Engestrom, 2001)

Os dois elementos essenciais acima referidos influenciam grandemente um plano inovador de autenticidade reconhecido como uma sociedade. Durante este período, a recolha de acções e uma equipa de trabalhadores são apoiadas e examinadas Verenikina (2001). Engestrom (2001) indica que os planos de actividades de trabalho podem ser classificados de acordo com os seguintes mecanismos

- Cada trabalhador, os seus homólogos e colegas de trabalho.
- A representação teórica dos dispositivos utilizados para o desempenho de funções.
- A política de gestão das funções e das actividades.
- A razão pela qual as pessoas que pertencem a uma determinada área de trabalho comunal dedicam os seus esforços a uma determinada atividade.

A teoria da atividade considera a assimilação das competências como instrumentos que arbitram o ato comunitário. Os dispositivos incluem: linguagem, símbolos, instrumentos, equipamentos e computadores. A relação que existe entre uma pessoa e o seu ambiente é considerada através do funcionamento da comunidade (pacientes). Por conseguinte, a ligação entre o objeto de estudo e o grupo comunitário é intercedida por um conjunto de leis (regras éticas) e a ligação entre o artigo e o grupo comunitário é intercedida pela distribuição do trabalho Hettinga (1988).

Uma vez que os equipamentos que foram integrados na estrutura da sociedade e que foram produzidos e alterados pelos seres humanos durante o período de avanço da atividade, transportam consigo uma miscelânea do avanço cronológico. A mediação através de equipamentos, tecnologias e competências não é, portanto, um processo imparcial. O equipamento terá um impacto nas relações que ligam o objeto a uma entidade. Leont'ev (1981) explica que este tipo de relação notável pode ser chamado - estrutura em anel. É onde três nós se misturam e terminam as caraterísticas das acções, os sujeitos e os objectos.

A principal caraterística da hipótese da comoção é o seu interesse principal em desafiar o exame das relações entre os seres humanos e os seus dispositivos mediadores ou artefactos que foram produzidos pelas acções dos seres humanos. A progressão do acesso em linha através da Web, das competências informáticas e da informação (Warttofsky 1979) propõe que os sistemas informáticos acima referidos sejam equipamentos utilizados para mediar as acções dos seres humanos e que têm várias caraterísticas. Podem ser:

a) Primário, ou seja, tangível, periférico e substancial
b) Secundária, ou seja, intelectual, interna e semiótica
c) Terciário, ou seja, esquemas - é a coordenação da mente e da cultura como um ecossistema.

Teoria da Atividade e Sistemas de Informação

As actividades compreendem um conjunto de realizações com o objetivo de atingir ambições e operações específicas. Estas realizações são claramente apontadas no domínio dos sistemas de informação, que também podem ser encontradas na forma habitual de adquirir conhecimentos ou no processo comportamental que são a base regular das acções que envolvem o sistema de informação. A interação homem-computador é o lado humano dos sistemas de informação. Este tipo de interação inclui a combinação de um computador e do seu conjunto de dispositivos de apoio, ou seja, a aplicação de software e de dispositivos de comunicação como a Internet, para simplificar e fazer progredir as acções dos seres humanos e os procedimentos de comunicação.

Durante a década de 1990, aqueles que realizaram investigações reconheceram o valor e o significado das acções da Teoria da Atividade, na aprendizagem do sistema de informação e na interação homem-computador, tendo sido realizados estudos por (Bodker 1990), (Grifford e Enyedy 1999), (Hasan 1998) e (Kuutti 1996). Bodker (1990) realizou uma investigação anterior sobre a interação homem-computador. Na sua investigação, a ação da hipótese foi utilizada para analisar os graus de comunicação através da utilização de ferramentas terciárias no processo de criação de consciência. O estudo baseou-se principalmente nas relações entre os criadores de sistemas de informação e as acções dos consumidores dos seus produtos.

Outra pesquisa conduzida por Korpela (2002) analisa as acções da estrutura da teoria da atividade no avanço do sistema de comunicação como avanço da ação do trabalho de base. Eles perceberam que a estrutura suplementou o significado do seu estudo durante a melhoria e o crescimento comum das estatísticas da vida real que podem ser postas em prática imediatamente e compreendidas pelas pessoas sem dificuldade.

Mais tarde, outro estudo conduzido em 2006 por Hakkinen e Korpela, a ação do uso da teoria da atividade para compreender as ações de informação em uma ação complexa de cuidados de maternidade que é relevante para a saúde e design de software. Descobriram que a utilização da Teoria da Atividade em ação provou ser valiosa não só para apreciar as acções dos grupos de utilizadores no avanço do sistema de informação, mas também deu espaço para um estudo versátil da informação e dos seus consumidores e da dinâmica entre eles.

Melhorando o estudo realizado por Korpela, Karlsson e Wistrand (2006), estes analisaram combinações de acções de hipóteses utilizando a técnica de engenharia para um quadro concreto do estudo do avanço do sistema. Nesta perspetiva, a técnica de engenharia do contexto da teoria da atividade que é eminente em todos os actores comuns que seguem regulamentos e acções invulgares sob a forma de vários métodos, de modo a dirigir e fazer avançar os desenvolvimentos nos procedimentos profissionais para obter melhores resultados. Uma vez que o avanço das estruturas é uma ação publicamente conjunta, a Teoria da Atividade em ação coordena-se bem com as técnicas de engenharia que têm o reembolso de pôr em prática as ferramentas teóricas e práticas úteis.

Numa investigação conduzida por Crawford e Hasan (2006), os investigadores utilizaram numerosos métodos de contacto e trabalho de equipa para demonstrar o significado da Teoria da Atividade numa sequência de contextos estruturais. Realizaram uma pesquisa sobre o essencial das acções, ou seja, a forma como as pessoas desempenham as suas funções e as interações entre elas, ou seja, a unidade com a ajuda de dispositivos refinados, num ambiente composto. Urbanizaram uma ação de sete pontos da estrutura da Teoria da Atividade na escrita e utilizaram-na para mostrar e analisar cinco acções de estudo ilustradas como monografias. Isto influenciou o cenário técnico através da utilização de competências de interação de sistemas, dispositivos classificados e software, ou seja, a técnica QSort, Leximancer, Stella, E-Viva e Go*Team como diversas formas de determinar acções. As soluções verificaram a importância de relacionar a teoria da ação da atividade com a investigação sobre a utilização da informação sócio-tecnológica na resolução de complicações do grupo de acções nos contextos do sistema informático. Esta investigação confirmou que a teoria da ação da atividade foi a melhor abordagem capaz de acrescentar riqueza e valor ao ambiente do estudo.

O esquema de investigação mostra que a teoria da ação da atividade não é apenas um método, mas uma estrutura hipotética que é útil no estudo do desempenho das pessoas nas numerosas magnitudes, das acções pessoais e das relações comunitárias - Kuutti (1996). Crawford e Hasan (2006) acrescentam que a ação da Teoria da Atividade oferece uma consideração rica da pessoa completa, tanto física como mentalmente, e uma perceção de como os seres humanos trabalham em conjunto com a ajuda de ferramentas complicadas em ambientes multifacetados e animados, nos quais a informação conjunta reunida publicamente é a base principal da educação, originalidade e novidade. Na realidade, a ação da Teoria da Atividade é, portanto, impulsionada para uma abordagem qualitativa que oferece um excelente avanço, proporcionando diversos ângulos para analisar os procedimentos educacionais e os seus resultados. De certa forma, centra-se precisamente nas acções das pessoas.

Teoria da Atividade Utilização

Esta teoria fornece um quadro bem estabelecido para ser utilizado na análise da dinâmica multifacetada no ecossistema em investigação. Este é um dos pontos-chave para a utilização desta teoria na investigação dos sistemas de informação. Muitos investigadores aperceberam-se de que esta teoria fornece explicações detalhadas e completas sobre a razão pela qual as pessoas trabalham com a ajuda de instrumentos refinados utilizados num ambiente intrincado e em constante mudança (Hasan 1999). Estes ambientes envolvem carateristicamente interações humanas e técnicas que combinam subjetividade, criatividade e experiências emocionais de comportamentos humanos que podem ser automatizados em métodos lógicos, sistemáticos e repetitivos de actividades que podem ser enraizados nas tecnologias actuais. De acordo com este modelo, o sujeito e o objeto são o núcleo das actividades que o investigador considera como sistemas sociotécnicos adequados a estes contextos complexos.

Este estudo terá em conta a dinâmica das tecnologias da informação e da comunicação, as experiências humanas, as tendências sociais emergentes, a atividade e a utilização, todos os processos sociais e organizacionais relacionados que dão orientações e objectivos a todo o sistema de alterações da atividade laboral. Os factores acumulados que afectam as interpretações subjectivas, o objetivo, as acções e as operações são o foco principal da teoria da atividade. A teoria da atividade oferece paradigmas úteis que indicam como as experiências das pessoas, os requisitos e o engenho moldam a conceção e a eficácia das tecnologias emergentes.

Quadros de avaliação da preparação eletrónica conexos

Inquérito sobre o grau de preparação eletrónica das universidades: A estrutura de avaliação da preparação eletrónica avançada pela equipa de estudo do KENET analisou cerca de dezassete parâmetros. No seu relatório sobre o inquérito sobre a preparação eletrónica das universidades (2013), Kashorda, M., e Waema, T. (2014), os dezassete elementos de preparação eletrónica controlados são apresentados em 5 grupos, que foram posteriormente divididos em diferentes categorias.

1. acesso à rede com 4 marcadores.
2. Campus em rede com 2 marcadores
3. Aprendizagem Em rede constituída por 4 marcadores
4. Sociedade em rede que engloba 4 marcadores
5. Organização Estratégias TIC (UC, 2011) com três marcadores

Cada marcador tinha um intervalo de um a quatro, sendo que um significava não estar preparado e quatro significava a classificação máxima de preparação. A análise do grau de preparação das universidades quenianas (2013), tal como relatado por Kashorda, M., & Waema, T. (2014), mostra que, embora o Quénia tenha melhorado, em média, o seu desempenho em comparação com outros países da África Oriental classificados, o índice de preparação em rede (NRI) do Quénia não avançou, mas houve uma violação dos telemóveis e da Internet no grau mais elevado, com uma percentagem correspondente de 77 e 52 (CCK 2014.). Isto indica claramente uma violação dos indicadores de penetração da Internet e das comunicações sem fios a nível nacional. Este facto não se traduz automaticamente numa maior adesão às TIC nas organizações. Ou seja, instituições de ensino superior, actividades empresariais ou diferentes departamentos do governo.

A maioria dos principais modelos utilizados na avaliação e classificação do grau de preparação dos países para a saúde em linha tem a sua área específica de avaliação (Ojo et al., 2006). Segundo (Bridges.org, 2005), com base nos objectivos essenciais, os modelos de avaliação ativa podem ser divididos em três grupos principais.

a) Modelos de preparação económica para a info-leitura
b) Modelos de preparação eletrónica da sociedade
c) Modelos de preparação eletrónica do sistema

Ojo et al. (2006) argumentam que os modelos existentes de preparação para os cuidados de saúde em linha têm a sua origem no contexto do mundo desenvolvido e, por conseguinte, são tendenciosos nesse sentido. Ojo continua a ilustrar que, devido às diferenças contextuais entre o mundo desenvolvido e o mundo em desenvolvimento, pode ocorrer a possibilidade de desajustamento dos modelos de preparação para os cuidados de saúde em linha se a adoção for efectuada sem a devida adaptação. Drury (2005) salienta este facto quando indica que a maioria dos modelos foi desenvolvida nos países desenvolvidos e surgiu com base no grau de riqueza ou de adequação das infra-estruturas nacionais e locais de tecnologias da informação de um país desenvolvido à saúde e ao apoio de outras entidades civis e privadas.

Drury (2005) afirma ainda que o avanço dos países que arrecadam poucas receitas, onde, por exemplo, um em cada sete recém-nascidos pode não chegar aos cinco anos de idade e onde existem doze milhões de órfãos da SIDA só em África. Com uma esperança média de vida que desce para 48 anos na África Subsariana, o contexto não é de riqueza mas de pobreza. Isto implica que, nos países em desenvolvimento, o modelo adequado para a saúde em linha e a sua avaliação podem ser diferentes dos observados nas economias desenvolvidas.

Modelo de preparação para a e-Economia: O ponto fulcral destas maquetas é a infraestrutura de comunicação ou a preparação de um Estado para as TIC e as acções financeiras habilitadas para o desenvolvimento financeiro. Por exemplo, o modelo de análise do comércio eletrónico da WITSA, a circulação universal da estrutura da Internet do Mosaic e o modelo de classificação da preparação para o comércio eletrónico da EIU (Bridges.org, 2005)

Modelos de preparação para a sociedade eletrónica: Bridges.org (2005) explica que os modelos relativos a este aspeto colocam o seu principal objetivo na capacidade da sociedade em geral com um ganho de vocação para as tecnologias da informação alargado à sua vida privada. Por exemplo, as avaliações de preparação efectuadas pelo modelo ASEAN e o modelo de avaliação do conhecimento do Banco Mundial. (KAM) DO BANCO MUNDIAL.

Modelos de preparação eletrónica do sistema: Este modelo, de acordo com Bridges.org (2005), estudou o conhecimento essencial sobre comunicação que era um requisito para a e-readiness da economia e da e-sociedade. Um paradigma deste modelo é o World Telecommunication Indicators da ITU (2009). Existem outros modelos que foram desenvolvidos através de estudos de caso, relatórios sobre o fosso digital e documentos de posição que avaliam áreas específicas da cibercompetência, especialmente na área da saúde. No sector da saúde, os modelos mais utilizados são discutidos e analisados para desenvolver um modelo abrangente para este estudo de investigação.

Quadro da HMN: O Quadro da HMN tem duas funções amplas. Em primeiro lugar, ao nível do Estado, todo o seu enfoque é direcionado para a poupança e apoio mecânico na estrutura normalizada de conhecimentos na área da saúde e funciona como uma base normalizada para o método de avaliação.

Nesta fase, é fornecido um roteiro para o reforço das estruturas de informação sanitária e é organizado um acompanhamento e uma avaliação contínuos. A função seguinte é que a estrutura da RMS permite admissões, melhora a utilização dos sistemas de saúde a nível estatal e mundial.

O quadro da REM não se destina a substituir os princípios orientadores activos que proporcionam um conhecimento abrangente da informação sobre saúde e das estruturas essenciais, mas a reconhecer princípios adequados e activos na sua promoção. O quadro da REM tem influência na criação de consensos em torno dos sonhos, das normas e dos processos necessários no sistema de informação sobre saúde.

Preparação para a saúde em linha e quadro concetual

Ao estudar a preparação para os serviços de saúde em linha, vários investigadores (por exemplo, Campbell (2001), Demiris (2004), Jennett (2003, 2004), Overhage (2005), Wickramasinghe (2005) e Khoja (2007) desenvolveram modelos de avaliação da preparação eletrónica com base em dados empíricos.

Estes modelos de avaliação são melhorados como ferramentas que ajudam ou orientam os investigadores e os decisores políticos no domínio da saúde em linha. A utilização destes modelos para explicar a complexidade ou não das soluções de saúde em linha pode oferecer uma solução prática para estas complexidades (Babbie, 2005).

Um quadro de preparação para a tele-saúde por Campbell et al (2001)

Campbell (2001) concebeu um modelo de avaliação da saúde em linha que avaliava o grau de preparação dos prestadores de cuidados de saúde rurais, incluindo médicos, enfermeiros e pessoal de gestão que prestam serviços de saúde. O estudo utilizou entrevistas semi-estruturadas para recolher dados, seguidas da utilização de análise temática para analisar os dados recolhidos. Os temas abaixo foram identificados através da literatura.

- Ameaça à autonomia profissional do prestador de cuidados de saúde - *Terreno.*
- Necessidade de compreender e saber que as aplicações de saúde em linha satisfazem as necessidades funcionais antes do investimento - *Eficácia.*
- Eventuais obstáculos que possam afetar a adoção de aplicações de saúde em linha - *Contexto prático.*
- Resistência humana à mudança - *Apreensão.*
- A lentidão dos prestadores de cuidados de saúde para aprenderem novas tecnologias e convencerem os doentes do valor da aplicação - *Tempo para aprender.*
- *A propriedade* das partes interessadas que tentam ajudar os outros a aprender.

Campbell et al. (2001) categorizaram a configuração organizacional em *"solo pronto", "solo algo pronto"* e *"solo não pronto"* com base na prontidão para os serviços de saúde em linha. Este quadro permite compreender a categorização organizacional apresentada por Campbell et al. (2001). A *principal limitação é a ênfase nos prestadores de cuidados de saúde sem considerar a preparação tecnológica do contexto de saúde. Este estudo não teve em conta a organização, o público ou o doente. Concentrou-se apenas nos prestadores de cuidados de saúde. A estrutura de Campbell nunca foi testada.* Além disso, baseou-se numa dimensão de prontidão já existente, reconhecida como sendo a Escala de Prontidão para a Inovação em Tecnologias da Informação Organizacional (OITIRS) e a Escala de Prontidão para a Mudança Organizacional e Funcional. (ORC).

Instrumento de avaliação do grau de preparação elaborado por Demiris (2004)

Demiris (2004) desenvolveu um instrumento de avaliação da preparação que se baseava no ponto de vista do prestador de cuidados de saúde, na exposição tecnológica do pessoal e nos recursos da organização. Embora este instrumento pareça bom para fornecer uma imagem instantânea da preparação da organização, foi desenvolvido numa organização de um país desenvolvido. Demiris utilizou um instrumento previamente validado sobre a preparação para a saúde em linha que captava a preparação da organização para se concentrar apenas na avaliação da preparação com base no ponto de vista do profissional. Isto deve-se ao facto de o instrumento incluir principalmente os perfis do pessoal e a sua exposição à tecnologia. O contexto de desenvolvimento e utilização variava, portanto, de uma organização para outra e pode ter uma utilidade mínima nos países em desenvolvimento devido às diferenças infra-estruturais.

Quadro de preparação (Jennett et al., 2005) Em contrapartida, **Jennet et al. (2005)** desenvolveram um quadro de preparação bastante abrangente. A abrangência baseia-se no âmbito da avaliação da preparação. Os autores solicitaram dados a diferentes informadores utilizando interrogatórios, sessões de sensibilização da sociedade, grupos de discussão da comunidade e entrevistas aprofundadas à comunidade. Todos os participantes incluíam o público, o paciente, o profissional e a organização para a qual foi desenvolvido um modelo de preparação para cada um dos grupos de participantes. A aplicação repetida e a modificação de maquetas, a aplicação da abordagem de partilha para investigar, a triangulação dos resultados da investigação e a análise de dados qualitativos valiosos por um especialista soberano são responsáveis pela robustez deste quadro (Jennett et al., 2005). Em última análise, foram identificados quatro tipos diferentes de preparação:

Preparação de base - significava a compreensão dos requisitos e a insatisfação com as actuais circunstâncias e definições do estatuto de prestação ativa de serviços.

Prontidão para o envolvimento: Envolve a contribuição dinâmica das pessoas no processo de reflexão sobre a saúde em linha, a avaliação das ameaças e a questão das soluções de saúde em linha.

Prontidão estrutural: Diz respeito à eficiência como base de um projeto de saúde em linha próspero numa organização. Verifica se uma organização dispõe de capital humano suficiente, formação, diretrizes, dinheiro suficiente e as ferramentas de funcionamento necessárias.

Não prontidão: A falta de preparação é a suposta falta de reconhecimento da necessidade de mudança que advém da implementação da tecnologia de saúde eletrónica (Jennett 2005).

Os autores (Jennett et al., 2005) delinearam ainda alguns factores que são comuns a todos os tipos de preparação acima identificados. Por outras palavras, independentemente dos tipos de preparação acima identificados, os autores são da opinião de que é possível encontrar alguns pontos comuns. Pontos comuns como os benefícios que a saúde em linha pode trazer, tais como a redução das necessidades de deslocação e a melhoria do acesso aos serviços, os benefícios da avaliação dos riscos que envolvem a procura de horas-homem por parte dos profissionais de saúde, a responsabilidade de decidir se se deve ou não confiar na tecnologia se esta for utilizada através de ferramentas em linha ou o receio dos doentes em relação à privacidade da saúde em linha que pode afetar a fiabilidade dos dados. Estes aspectos podem ajudar na decisão de substituir os actuais sistemas de informação sobre saúde com base na opinião pública e nos riscos de custos. Outro ponto em comum é a sensibilização e a educação dos profissionais para o nível dos diferentes sistemas e a compreensão de todas as potencialidades, com vantagens e desvantagens. A comunicação com a cooperação no seio ou entre os interesses da sociedade e a dinâmica de grupo será também um fator comum a identificar.

Um quadro de preparação elaborado por Jennett et al determinou a classificação geral da preparação. A ênfase é colocada nos utilizadores finais como proprietários para a aceitação da invenção. Avaliou a organização, o prestador de serviços de saúde, o público e os doentes. *No entanto, esta ferramenta não tinha qualquer teste de fiabilidade e a investigação forneceu poucos dados sobre a demografia ou as práticas existentes.* Foi realizado numa instituição que utilizava alguma forma de aplicações de saúde em linha, pelo que não é certo que o quadro seja útil se for utilizado numa instituição que não tenha implementado quaisquer aplicações de saúde em linha.

Avaliação do quadro de preparação por Wickramasinghe (2005)

O quadro de Wickramasinghe centrou-se essencialmente em três áreas pertinentes para a preparação para a saúde em linha. Ou seja, a organização, o público e o profissional. A ênfase é colocada nos pontos necessários para o êxito das empresas de saúde em linha. Este quadro dá aplicações para o estudo, para além dos dados mensuráveis, numa análise metódica dos quatro principais efeitos e requisitos. Essas implicações podem situar-se nos domínios da eficácia, dos cuidados preventivos e dos cuidados baseados em provas, representados na figura 6.

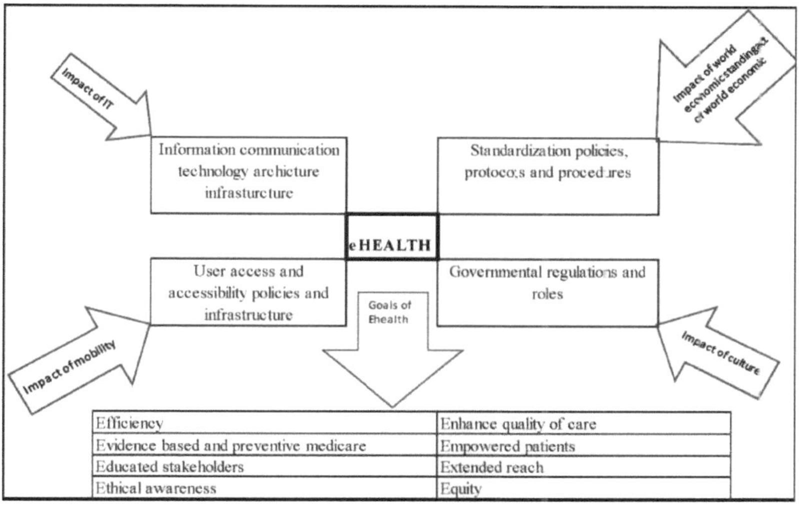

Figura 9: Quadro de preparação para a saúde em linha por Wickramasinghe 2005

O quadro acima apresentado na figura 9 contém quatro pré-requisitos principais. Ou seja, a arquitetura das TIC e a normalização de estratégias, práticas e técnicas, políticas de gestão de utilizadores e regulamentação e controlos governamentais.

- A arquitetura e as infra-estruturas das tecnologias da informação e da comunicação são componentes vitais a ter em conta quando se pensa em inovações no domínio da saúde em linha em qualquer país.
- A saúde em linha, por definição, abrange muitas áreas geográficas. Cobre múltiplas distâncias com diferentes tipos de documentos a serem trocados, pelo que é necessário utilizar a normalização de políticas, protocolos e procedimentos com protocolos ampla e universalmente aceites.
- As políticas de acesso e de acesso dos utilizadores são fundamentais para o acesso à saúde em linha. A Organização Mundial do Comércio (OMC) define-o como sendo constituído por dois elementos vitais. Ou seja, o acesso à Internet e o acesso aos serviços electrónicos (Panagariya, 2000).
- A regulamentação e os controlos instituídos pelo Governo constituem um desafio fundamental no que respeita à utilização e implementação da saúde em linha. Os controlos

incluem a relação custo-eficácia, a funcionalidade e a facilidade de utilização.

Os pré-requisitos acima referidos são apresentados numa grelha de quatro quadrantes, que representam o estado de preparação provável com base nos parâmetros de entrada da realização da saúde em linha. Estes parâmetros são os pré-requisitos necessários para a implementação da saúde em linha. O quadrante de preparação mínima identifica um estado em que um pequeno valor para os quatro parâmetros básicos para o potencial da saúde em linha, como indicado na Figura 10. O quadrante da sensibilização padrão reconhece duas circunstâncias regulares que são: amálgama de disposição elevada e deselevada por valor para os quatro fundamentos da perspetiva da saúde em linha. Por último, o quadrante da consciencialização elevada reconhece as circunstâncias que são elevadas com valor para todos os quatro fundamentos da perspetiva da saúde em linha.

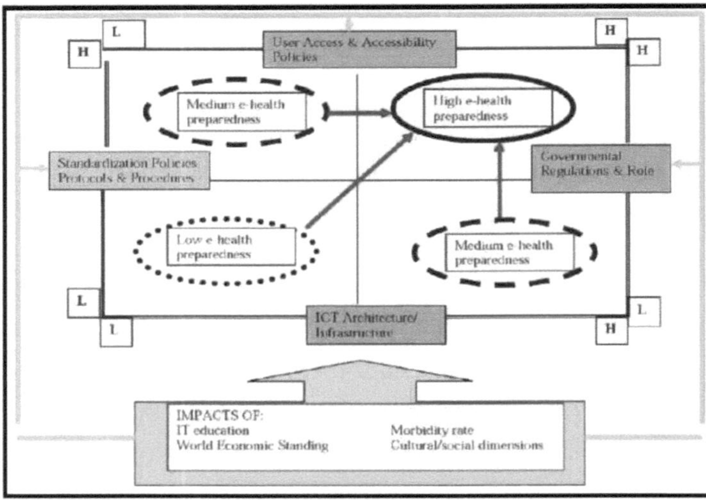

Figura 10: Grelha de preparação. Fonte: Wickramasinghe et al. (2005)

Esta grelha ilustra a localização provável de uma determinada organização no que diz respeito à sua preparação para a saúde em linha (ou seja, elevada, moderada ou deselevada), bem como o caminho que tem de percorrer, especialmente as questões necessárias em que tem de se concentrar, a fim de atingir o estado de preparação perfeito, ou seja, estar elevada em cada um dos quatro requisitos. Além disso, a grelha sublinha a função moderada do quadrante para os 4 requisitos sem considerar as respectivas posições do nível de preparação da instituição.

Por conseguinte, é importante para as instituições de saúde
se enquadram no quadrante de preparação elevada para a saúde em linha para uma implementação eficaz de soluções de saúde em linha.

O modelo de Wickramasinghe é composto por quatro secções de impacto da saúde em linha. São elas: o efeito do conjunto de competências em matéria de tecnologias da informação, o que significa que as pessoas instruídas impulsionarão as iniciativas de saúde em linha. Em segundo lugar, o conhecimento dos benefícios e do papel que a Internet desempenha na economia de um país através do impacto da posição económica mundial, em terceiro lugar, o estado geral de saúde do país através da taxa de morbilidade e, por último, o impacto da cultura e das tradições na saúde em linha. O quadro de preparação de Wickramasinghe baseou-se em múltiplas perspectivas, como as infra-estruturas TIC das organizações, os profissionais e o sector público, como a regulamentação governamental.

Avaliação do grau de preparação (Overhage et al. 2005)

Esta avaliação do grau de preparação, efectuada por Overhage 2005, envolveu a análise, por parte do profissional e da organização, de dados auxiliares que foram transmitidos pelas comunidades com o objetivo de obter melhores programas de cuidados de saúde. Utilizaram indicadores descritivos e avaliações individuais para análises de peritos dos sete âmbitos que devem ser julgados como um determinante importante do sucesso da sociedade na implementação de sistemas de saúde. As sete dimensões são a componente clínica, a garantia e a liderança da sociedade, o dinheiro, a preparação técnica global, os planos de negócios justificáveis, as normas para a utilização de dados, a replicação e a escalabilidade dos equipamentos.

O objetivo global do estudo de Overhage não foi claramente especificado. O financiamento foi muito mais importante do que a avaliação do grau de preparação. A fonte do convite para apresentar propostas de financiamento eram os dados. O estudo nunca avaliou a fiabilidade e a validade da ferramenta e não forneceu o mecanismo de pontuação para determinar o grau de preparação.

Avaliação do grau de preparação efectuada por Khoja et al. (2007)

Outra avaliação do grau de preparação para a saúde em linha foi desenvolvida por **Khoja et**

al. (2007). Este quadro foi desenvolvido para servir de guia aos países em desenvolvimento na avaliação da preparação para a saúde em linha. Os dados para este quadro foram recolhidos junto de gestores e prestadores de cuidados de saúde.

Embora este quadro tenha sido desenvolvido para ajudar os países em desenvolvimento a determinarem o seu grau de preparação para a saúde em linha, este conceito é relativamente novo e não é bem aceite nos países em desenvolvimento e o facto de as diferenças significativas nas infra-estruturas e nas políticas de saúde em linha variarem nos países em desenvolvimento limita a utilidade deste quadro de avaliação como norma de ouro para avaliar o grau de preparação.

A literatura mostra que, embora os modelos estudados nunca tenham sido verificados, Campell (2001), Jennett (2004), Overhage (2005) e Khoja (2007). Khoja (2007) pretendia testar a fiabilidade da ferramenta de avaliação da preparação para a saúde em linha, mas apenas se centrou nos gestores e nos prestadores de cuidados de saúde.

Khoja (2007) apresentou quatro categorias de medidas nos países do terceiro mundo utilizando a escala de pontuação alfa de Cronbach observada no quadro 4 abaixo. O resultado das medições foi superior a 0,08, o que revela uma grande fiabilidade. O quadro 4 representa esta fiabilidade.

Tabela 4: Pontuação alfa de Cronbach de Khoja 2007. Fonte: Cronbach (1951)

Type		Managers - Cronbach's Alpha Score	Health Providers - Cronbach 's Alpha Score
Total		0.94	0.91
Core readiness	Realization of the requirements evaluation and dissatisfaction with status quo.	0.92	0 86
	Organizational cognizance on ehealth.		
	Use of technology comfort.		
	Technology trust.		
	EHealth projects planning.		
	Generally willing and satisfied.		

	Technology Integration.		
Learning readiness	ICT use in learning improving for healthcare providers Healthcare provider's participation in ehealth developments	0	0.88
Technological readiness	ICT service quality. Availability of service and support. Availability and cost of hardware and software. Training in information technology	0.86	0
Societal readiness	Inter organization and community communication. Local content sharing. Institutions collaboration in healthcare provision. Consideration of socio-cultural issues midst staff. Consideration of socio-cultural issues midst consumers.	0.91	0.81

<table>
<tr><td rowspan="3">Policy readiness</td><td>Availability of information technology rules and regulations</td><td rowspan="3">0.89</td><td rowspan="3">0.92</td></tr>
<tr><td>Availability of policies on licenses, liabilities and reimbursements.</td></tr>
<tr><td>Institutional policymakers or political awareness and support for ICT.</td></tr>
</table>

O estudo de Khoja (2007) centrou-se em elementos que tocam os cinco grupos, baseando a área de estudo em gestores e prestadores de cuidados de saúde. Utilizou um coeficiente de correlação de Pearson superior a 0,35 (p<0,05). Isto significa que todos os elementos destes grupos se relacionam adequadamente com outros elementos do mesmo agrupamento. Embora o quadro de Khoja et al. (2007) seja suficientemente bom para dar indicações aos leitores no sentido de tomarem as medidas necessárias para avançar com a avaliação da preparação para a saúde em linha, a ideia da saúde em linha é comparativamente nova para as unidades de saúde nos países do terceiro mundo e, por isso, o quadro tem de ser adaptado às necessidades específicas de cada país.

Avaliação do grau de preparação por Khoja, Durrani Scott (KDS) Quadro de avaliação

O quadro seguinte (quadro 4) foi melhorado com a iniciativa PANACeA, ou seja, PAN Asian Collaboration for Evidence based eHealth Adoption and Application, com vários autores que avançaram nas ferramentas de avaliação da preparação para a saúde em linha. Foi nesta base que Khoja-Durrani-Scott (KDS) baseou as suas avaliações.

A importância deste quadro baseou-se na realidade reconhecida pela necessidade de diversas estratégias de avaliação ao longo do ciclo de implementação. O quadro em questão tem várias dimensões, como o ciclo de vida da EHealth (quadro 5), que consistem em títulos de colunas com temas para a avaliação. O estudo de Khoja-Durrani-Scott centrou os seus resultados no ponto de vista dos gestores ou prestadores de cuidados de saúde e do cliente.

Quadro 5: Fases do ciclo de vida da saúde em linha

EHealth lifecycle stages				
Evaluation Themes	**Development**	**Implementation**	**Integration**	**Operation Sustainability**
Health Amenities	Status of health services on going	Better diagnosis and treatment	Lead to change in disease status that	Change in health impact indicators.

	assessment with opportunities and needs.	of diseases.	impact health.	
Technological	Development cost, availability, and affordability	Interopera bility	Useful in a variety of conditions.	Scalability
Economics	Inexpensive	Cost containme nt	Cost benefit realization	Adjusted life year's disability improveme nt.
Socio technical and Behavioral	Human resources factors.	Better diagnosis and treatment of diseases.	Broader ehealth adoption strategy.	Technology adoption on a wider scale.
Moral	Prioritization of ehealth vs.	Social and cultural	Better visibility on	Security

	others.	issues sensitivity.	safety, obligation, licenses and reimbursements.	
Readiness for change	Change planning management	Training of staff including clinical and management staff.	Effective change administration.	Improvements with modifications and customizations.
Policies	Policies on change management.	Limited changes in the organization changes and national policies.	Lead to policy changes that will facilitate broader adoption.	Organization practice and public policy.

Os avaliadores e as partes interessadas têm de aceitar o facto de que a avaliação da saúde em linha pode ser utilizada para vários fins, a fim de satisfazer as necessidades de diferentes parceiros e, por conseguinte, admitir que nenhum modelo de avaliação único pode ser totalmente objetivo. Gagnon et al., (2005) A revisão da literatura destaca diferentes perspectivas que têm sido utilizadas para avaliar a prontidão dos sistemas de saúde em linha Quadro 6 e figura 11. A maioria dos componentes estudados reflecte a perspetiva dos prestadores de cuidados de saúde e das organizações, com resultados diferentes de um quadro para outro. Assim, as avaliações da preparação para a saúde em linha são alvo de muitas críticas devido à má qualidade da conceção dos estudos, à falta de indicadores de resultados uniformes e à ausência de uma teoria universalmente aceite. A literatura adicional mostra que os autores dos vários modelos não são claros quanto às medidas ou à quantificação dos níveis de preparação, apesar de alguns dos quadros explicarem os níveis de preparação como sendo de nível baixo, médio ou alto (por exemplo, Wickramasinghe et al. (2005)).

Quadro 6: Diversas perspectivas do quadro de preparação para a saúde eletrónica

Symbol	The Author	The Patients	The Providers	The Systems	The Organization	The Public	The Gaps
C	Campbell, 2001		✓				Major limitation is the emphasis on healthcare providers without considering the technological readiness of the health setting. Campbell did not invlove the organization, the public nor the patient in the readiness assessement for ehealth. it only handled the healthcare providers. This framework was never tested.
D	Demiris, 2004,2005		✓				Demiris focused on practitioner readiness point of view and ignored organization readiness. The tools primarily included the staff profiles and exposure to technology. The assessment context for which it was developed, varied from one organization to the other and may have minimal usefulness in developing countries due to infrastructural differences.
J	Jennett, 2003,2004,2005	✓	✓		✓	✓	Jennet's assessment provided little tool reliability that was not assessed and this study did not provide information with regards to demographics and current technological practices.
O	Overhage, 2005		✓	✓	✓		Overhage's objective has not been explicitly explained. The assessment tool reliability and validity was never assessed.
W	Wickramasinghe, 2005		✓		✓	✓	Wickramasinghe assessment was based on several perspectives, including organization, practitioners and the public. Wickramasinghe's tool can be used to assess the potential of a country's readiness on ehealth.
K	Khoja 2007,2012,2013		✓		✓		Khoja's framework reflects healthcare providers and organisational perspective components only.

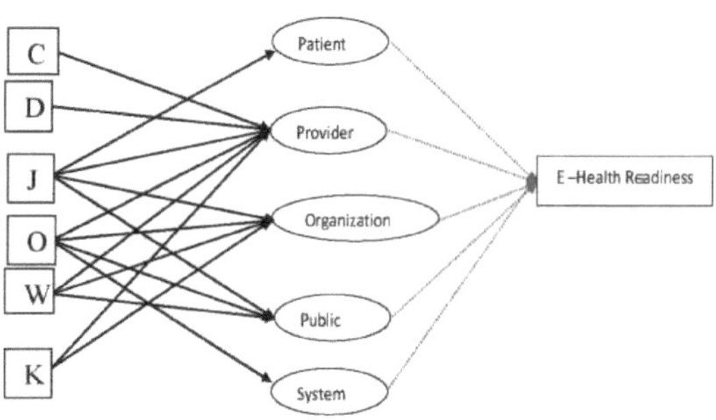

Figura 11: Diversas perspectivas do quadro de preparação para a saúde em linha. Fonte: Literatura.

A literatura mostra que as tentativas anteriores de quadros de preparação para a saúde em linha, como o de Khoja 2007, ofereciam uma cobertura inconsistente das avaliações dos construtos e baseavam os seus argumentos nas percepções dos prestadores de serviços de saúde e da organização, com medidas pouco claras dos níveis de preparação. Por conseguinte, este estudo integrará os vários módulos de cada modelo revisto, quantificando os constructos de modo a desenvolver um quadro de avaliação da preparação para a saúde em linha. O estudo seguirá duas etapas para a conceção deste quadro de avaliação da preparação para a saúde em linha. Identificará os elementos e as medidas para a avaliação da preparação para a saúde em linha para desenvolver um quadro de avaliação da preparação para a saúde em linha utilizando os componentes e indicadores identificados.

Identificação dos componentes da avaliação da preparação para a saúde em linha

Canarie (2002) define a preparação como o grau em que a sociedade está preparada para se envolver e ser bem sucedida na implementação da saúde em linha. De um modo geral, a preparação para a saúde em linha pode ser avaliada utilizando os quatro componentes, nomeadamente, a preparação de base, a preparação para o envolvimento, a preparação tecnológica e a preparação da sociedade. Estes quatro componentes estão ilustrados na Figura 12. Cada um dos componentes é explicado de forma sucinta.

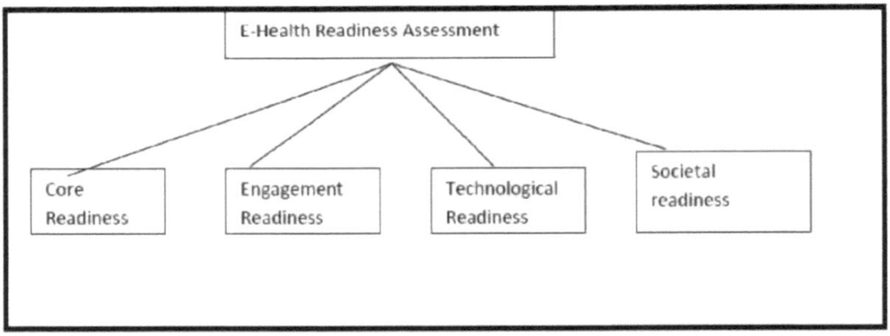

Figura 12: Construtos gerais da avaliação da preparação para a saúde em linha. Fonte: CANARIE (2002)

Prontidão de base: É uma referência à classificação de uma necessidade. Ou seja, baseia-se regularmente em circunstâncias causadas pelo isolamento e por um sentimento de descontentamento com as condições existentes que é tão forte que todos os membros desta sociedade em particular estão prontos a adotar novas práticas como a saúde em linha para gerar transformação (CANARIE, 2002). Esta situação é apresentada na Figura 13. A principal caraterística da necessidade de mudança foi registada como tendo inteligência sobre a insatisfação devido aos serviços e à informação sobre cuidados de saúde, viajando para longe para obter um serviço de saúde específico e proficiência. A necessidade de dispor de serviços que não estão disponíveis no interior do país, o que faz com que as circunstâncias actuais sejam consideradas intoleráveis.

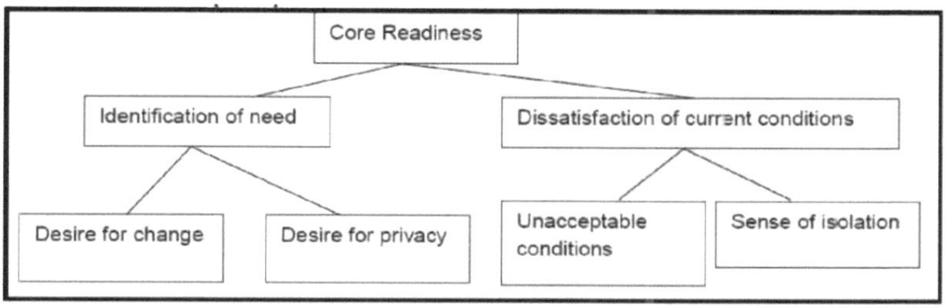

Figura 13: Construção do núcleo de preparação. Fonte: CANARIE (2002)

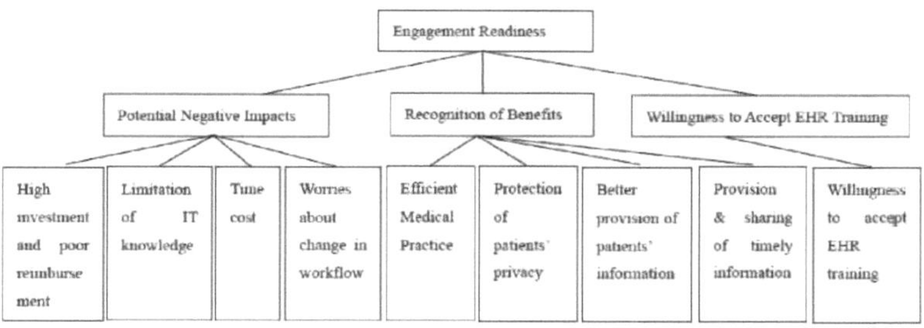

Figura 14: Construção da preparação para o envolvimento. Fonte: CANARIE (2002)

Prontidão para o envolvimento: É a condição em que o ser humano está consciente dos seus desejos enquanto membro de uma comunidade, embora não tenha conhecimento das possíveis aplicações da saúde em linha; por conseguinte, não aceita instantânea e incontestavelmente as soluções de saúde em linha (CANARIE, 2002). Questionam-se sobre as capacidades da saúde em linha e transmitem as suas expectativas, suspeitas e ansiedade quanto à aceitação de tais sistemas A Figura 14 ilustra esta noção.

Prontidão tecnológica: É referida como preparação estrutural por CANARIE (2002). Trata-se de criar estruturas eficientes para sustentar uma implementação estável dos sistemas de saúde em linha. Isto indica que é necessária uma determinada fase de preparação estrutural para melhorar a execução bem sucedida da saúde em linha, como indicado na Figura 15.

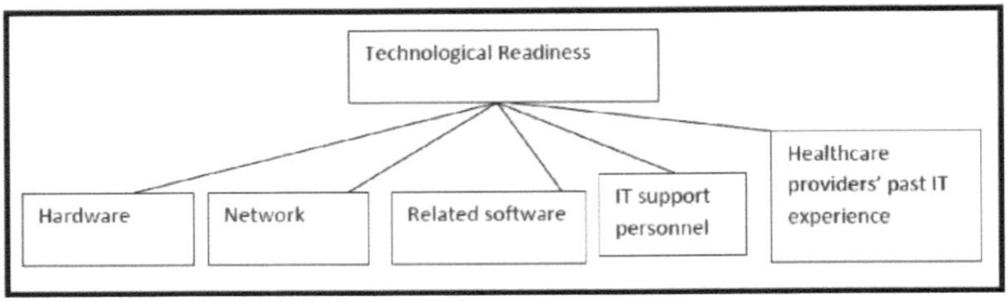

Figura 15: Construção de prontidão tecnológica. Fonte: CANARIE (2002)

Além disso, o grau de preparação tecnológica pode ainda ser tabulado em pormenor, como indicado no quadro 7 infra.

Quadro 7: Indicadores de preparação tecnológica de LI et al (2008)

Metrics	**Items**
Physical components	Laptop computers
	Desktop
	Monitors
	Printers
	Document scanners
	Photocopiers
	Phones
	Video conferencing based on TV
	Video conferencing based on PC
	Video conferencing based on Web cam
	Digital x-ray machines
	Digital camera with high resolution specifications on a microscope
Access	Broadband access
Electronic health records software	Electronic health records maintenance
	Training on Electronic health services
	Emailing systems
	Other software
Technical support	Availability for technical support

	Availability for support personnel
Past IT experience by healthcare providers	Frequent use of electronic media
	Use of personal computers frequency
	Ehealth computer users
	Experience or any training in the use of electronic health records.

Preparação da sociedade: Os resultados desta avaliação da preparação são determinados pelas ligações de comunicação institucional com os centros de saúde e pela estipulação de cuidados de saúde em parceria com várias instituições de saúde. De acordo com Khoja (2007), a prontidão social tem em conta factores socioculturais entre o pessoal e os clientes. A Figura 16 abaixo indica a construção da preparação da comunidade.

Figura 16: Construção da preparação para a sociedade. Fonte: Khoja et al (2007)

No quadro desenvolvido por CANARIE (2002), a não preparação é enfatizada em vez da preparação da sociedade. CANARIE (2002) explica que o fracasso da preparação pode ser atribuído ao desconhecimento das vantagens que podem ser oferecidas pela tecnologia nos serviços de saúde, evitando abordar a questão no meio de todas as preocupações genuínas. Isto pode significar a ausência de uma necessidade e a incapacidade de reconhecer as necessidades tecnológicas.

Num relatório apresentado por CANARIE (2002) sobre a preparação das zonas rurais e remotas para os cuidados de saúde à distância, a preparação é analisada transversalmente em todos os domínios da sociedade. Ou seja, o público, o profissional, o doente e a organização, para estudar com precisão os aspectos do domínio da preparação para os cuidados de saúde à distância. O quadro 8 ilustra como cada sociedade em termos de prontidão central, envolvimento e prontidão estrutural. Além disso, CANARIE (2002) observou que algumas das caraterísticas são partilhadas entre os domínios, embora não automaticamente a um nível equivalente.

Quadro 8: Prontidão da comunidade: Fonte: CANARIE (2002)

The Public	**The Patients**	**The Practitioners**	**The Organization**
The Core Readiness	**The Core Readiness**	**The Core Readiness**	**The Core Readiness**
Dissatisfaction with the situation of health services.	Poor access leading to isolation.	Great dissatisfaction based on the *status quo.*	Realization of the needs not addressed.

Dissatisfaction with patient and doctor communication, with a need for ease of getting information on health.	Realization of needs not met.	Initial grasp or experience of negative impacts of isolation.	Organizational *status quo* dissatisfaction.
The need for change.	The need to change and to be actively involved in helping themselves or condition.	Showing a need to look into public or patient issues unlike to practitioners perspectives alone.	
Poor access leading to isolation.			
The Engagement	**The Engagement**	**The Engagement**	**The Engagement**
The desire to have knowledge on what tele health means.	Knowing the real meaning of telehealth.	Discoverers and winners.	Winners.

Clearly defining what telehealth means.	Knowing the actual and expected benefits.	Sense of interest.	Readiness of risk takers forerunners.
Identifying (or approximating) the advantages of telehealth.	Panic of spoiling equipment.	Peer effect.	Learning consciousness process for innovators.
Having a subtle health condition that requires privacy with regards to health practice.	Gender.	Evidence of utility.	Reduction of negative blocks.
	Privacy issues.	Multi-disciplinary collaboration between practitioners and other domains.	The capability of senior management to deliberate on merits outside the standard business benefits of

			effective schemes.
	Readiness or reliability of content which promotes rural culture.	Multi-disciplinary cooperation among practicing practitioners.	Readiness to consider long duration for implementation.
	Address issues of telehealth as a substitute for already available services.	Communication.	Steps from short-term subsidy and short-term accountability targets.
	Sense of possession.	Honesty and respect for others.	Economic analysis.
		Readiness to make timely initial extra investment.	Established ways of skills transfer among staff.
The Structural Readiness	**The Structural Readiness**	**The Structural Readiness**	**The Structural Readiness**

Education.	Learning about telehealth.	Looking into planning concerns and over extended assignments.	Identification of tools limitations such as bugs.
Availability of official and unofficial information networks.	Awareness of telehealth and getting over a feeling of vulnerability with video conferencing.	Fulltime access to equipment's.	Well researched needs evaluation.
Availability of recommendations from people	Learnability to use tools.	Grounded reimbursement plans.	Society consultation process ownership.
Awareness crusades.	Specialist mediated liaison for telehealth plans	Equipment reliability with good back up and technical support plans.	Space for innovative use of tools by specialists and patients.
Winners, especially		Affirming	Available

local ones.		reliable and existing clinical consultants.	technical support that is accessible locally and on-call.
Society ownership and consultation sessions.		Reliable clinical content.	Effective planning and incorporation into the routine.
Strong inter-organization dynamics in promoting activity.		Obligation.	Good facilities in terms of lighting, size, hvac-heating, enough equipment.
			Available, continuous staff training that includes training at the medical school for routine

			insight.
			Establish telehealth controller.
			Documented policies on reimbursement, obligations, cross jurisdiction and privacy.
			Enough on going funding for local, provincial, federal agreement.

A revisão da literatura proporcionou uma oportunidade para analisar os estudos realizados no domínio da avaliação da preparação para a saúde em linha. Os quadros e modelos de avaliação da preparação foram avaliados quanto à sua adequação para utilização e foi desenvolvido um quadro concetual que inclui componentes das várias literaturas, como mostra a figura 8, para ligar as teorias à literatura. Este modelo de quadro concetual orientará a compilação de estatísticas, a análise de dados e a interpretação dos resultados. O presente estudo foi, portanto, concebido para desenvolver o quadro de avaliação da preparação para a implementação de sistemas de saúde em linha nos hospitais públicos do Quénia.

Análise comparativa dos modelos de preparação para a saúde em linha

Os quadros analisados a partir da literatura tiveram origem em diferentes perspectivas sobre os métodos de avaliação da preparação para a saúde em linha, como mostra o quadro 8. O estudo revela que estes quadros se centraram nos prestadores de cuidados de saúde e nas componentes e perspectivas organizacionais. No entanto, os componentes estudados diferem de um quadro para outro. De acordo com (Gagnon et al. 2005), as avaliações da saúde em linha são frequentemente criticadas pela fraca qualidade da conceção da investigação, sem indicadores comuns de resultados e pela ausência de uma teoria consensual.

A análise estabeleceu inicialmente que é necessária uma abordagem de execução abrangente que envolva a tecnologia, as estruturas institucionais, a transformação da organização, a viabilidade financeira, o impacto na comunidade, as percepções, a usabilidade, a avaliação e a prova, a legislação, a governação e a política. Além disso, as teorias actuais podem ser obtidas, desenvolvidas e validadas noutras regiões que não os países africanos (por exemplo, o Quénia).

Um estudo de revisão sobre os quadros de execução da prestação de cuidados de saúde à distância realizado por Liezl van Dyk et al (2014), resumido na tabela 9 abaixo, indica uma revisão das metodologias avançadas relacionadas com temas comuns e comparações de modelos.

Quadro 9: Comparação dos quadros

Model	Theory behind it	Methodolog y	Validation	Model Design	Key Areas
Barriers to the Diffusion of telemedic ine	Diffusion of Innovation	A longitudinal research of three telehealth programs.	Was not validated formally	The four barriers diffusion of teleheal h services.	Technolo gy, organizati on, behaviora l and economic obstacles
eHealth readiness evaluatio n	Theories on e-readiness and change management	Adaption of current e-readiness scales based	Expert interviews and statistical	Question naires with fifty one	Technolo gical, education ,

implemen ts		on input from eHealth specialists.	reliability testing of research instruments	statemen ts associate d to a Likert scale.	communi ty, economic and policy
Use of (UTAUT) Unified Theory of Acceptan ce and Use of Technolo gy on telehealth	(UTAUT) Unified Theory of Acceptance and Use of Technology	Questionnair es run with particularly for telehealth.	Questionnai re validation by use of other studies and telehealth tool validated by specialists.	Statemen ts linked to a Likert scale.	Technolo gy perceived usefulnes s, perceived ease of use, behaviora l intention, and demograp hic factors.

Seven main Ideologies for the successful development of Telemedicine Systems	Did not use any theory	Literature and personal experience of setting up three telehealth services in Australia.	Was not validated formally	Designed guidelines as per the seven principles.	Training, distribution of evidence, ownership, bottom-up support, user friendliness of the technology.
Lessons in telemedicine service innovation	Did not use any theory	Qualitative Longitudinal study with data gathered through questionnaires.	Was not validated formally	Designed guidelines as per the five lessons.	Policy, evidence, perceived usefulness, dedication, service design,

					professional roles and border crossing.
Assessing Health System Framework. Challenges to scaling up mobile Health	Information technology for health in developing countries Khoja et al. Bukachi and Pakenham-Walsh	Qualitative research with a mix of documented reviews and key informants. Local projects site visits.	Was not validated formally	Capacity requirements collections from the four dimensions.	Government, institutional technology and finances.
Comprehensive Model for the Evaluation of	The theories of Transactional Economics.	Design and integration of three evaluation metrics.	Was not validated formally	A three dimensional framework with each	Based on access, quality, cost, society, communi

Telemedicine				measurement having numerous categories.	ty and individual
The Layered Telemedicine implementation Model	Skills barriers to the diffusion of telemedicine Tanriverdi and Iacono	Methodical literature analysis of 45 articles on the implementation of telemedicine services.	Was not validated formally	Five lifecycle stages, each with a collection of determinants to success.	Based on acceptance, institutions, policy, technology, and regulation
The Khoja, Durrani, Scott (KDS)	Evaluation of theories and concepts related to eHealth with	Methodical literature review and expert views.	Validation to be available in another publication	A list of anticipated results per	Policy, management of change, evidence,

Evaluation Framework	no mention of which. System lifecycle theories			lifecycle phase per theme with each result connected to a Likert scale.	technological, economical, ethical, behavioral and socio technical.

Quadro 10: Perceção diversificada dos modelos de preparação para a saúde em linha

E- readiness models - other discplines	Focus area - detail	Summary focus area
Model on E-Economy readiness	The e-economy model focuses on basic ICT infrastructure and the enabled economic activities towards economic growth. As shown in the reports of WITSA e-Commerce Survey Model, Mosaic's Global Diffusion of Internet Framework and EIU's e-Business Readiness Rankings Model (Bridges.org, 2005).	The e-economy readiness model focuses on Infrastructure and the economic readiness of a country.
Model on E-Society readiness	According to Bridges.org (2005), e-society model focuses on the ability of the overall society to benefit from ICT at work and in their personal lives. some examples are CSPP's e-Readiness Assessment Guide, the ASEAN Readiness Assessment Model and the World Bank's Knowledge Assessment Methodology (KAM).	The major concentration was on society's ability to benefit from the use of ICT.
Model on E-System readiness	According to Bridges.org (2005), these models examined the technology infrastructure which is a prerequisite for both e-economy and e-society. For example, as shown in the ITU"s (2009) World Telecommunication Indicators report. There are other models which have been developed through case studies, digital divide reports and position papers which assess specific areas in e-readiness, especially in healthcare. Within the healthcare sector, the most commonly used models are discussed and analyzed to develop a comprehensive model for this research study. The analyzed models are those studied by Campbell (2001), Demiris (2004), Jennett (2005), Overhage (2005), Wickramasinghe (2005) and Khoja, (2007).	The e-system readiness model focused on infrastructure as a prerequisite for e-economy and e- scoiety and this has formed the background for models in e-readiness in healthcare.
Model on E-readiness for Universities	The e-readiness for universities was primarily based on the network access in a campus, networked learning, networked society, and the Institutional ICT strategies (UC, 2011). The study summarized that the national telecommunications and Internet penetration indicators ,do not necessarily lead to a high uptake of ICT in higher learning institutions, government and businesses.	The networked readiness index (NRI) was used with major focus on internet and networking of campuses and insitutional strategies.
Model on HMN Framework	The HMN framework served two broad purposes. One, at country level, it's main focus was investment and technical assistance on standardization of health information system development, that served as a benchmark for baseline system assessments. Resulting from this is a roadmap that is described for strengthening health information systems with continuous monitoring and evaluation in place. Secondly, the HMN Framework allows access to and better use of health information at various levels.	HMN framework focused investment and technical assistance on health information system development. It also looked into access management to health systems for better use of the systems at the country level and global levels.
Model on Health technology assessment	HTA model offered a comprehensive systematic evaluation of the application of health technology (Jorgensen, Hvenegaard and Kristensen, 2000:348) giving merits and demerits. Health Technology Assessment has been a structured analysis of health technology and the associated technologies or technology related issues that provides feedback to policy decision makers (U.S. Congress, Office of Technology Assessment, 1994).	HTA focused on advisory with a systematic evaluation of application of health technolgy and proving inputs to policy and decision making boodies.

Capítulo 5

Resumo da literatura e conclusão

A revisão da literatura proporcionou uma oportunidade para analisar os estudos efectuados no domínio da avaliação da preparação para a saúde em linha. O principal objetivo era analisar criticamente a literatura disponível ao público sobre os quadros de preparação para a saúde em linha que foram realizados a nível mundial e, mais ainda, na África Subsariana, a fim de fornecer informações sobre a preparação de iniciativas de saúde em linha existentes e em curso que possam constituir uma receita para implementações e aceitação bem sucedidas.

A literatura pode ser sintetizada como se mostra na figura 17 abaixo, onde cada modelo e quadro revisto se enquadra no percurso de implementação dos sistemas de saúde.

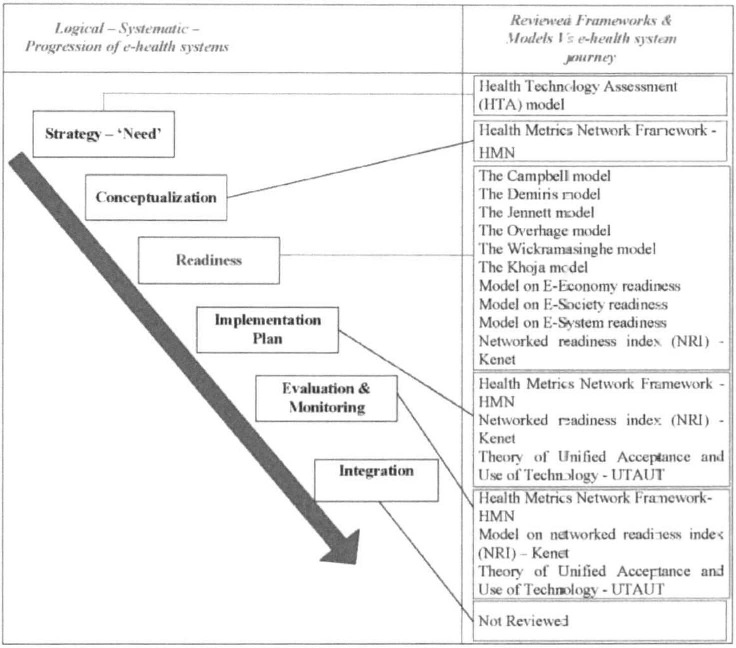

Figura 17: Quadros e modelos revistos vs. percurso do sistema de saúde em linha: Fonte: Síntese da literatura pelo Autor.

Em conclusão, sendo o Quénia um Estado membro da Organização Mundial de Saúde, é obrigado a respeitar os seus estatutos. A Organização Mundial de Saúde pediu aos seus países membros que adoptassem a saúde em linha. Isto exigiu a necessidade de uma ferramenta prática que possa ser aplicada a nível nacional para avaliar o grau de preparação para a saúde em linha em vários países.

Estes estudos provaram que foi feito um grande esforço para identificar os obstáculos à implantação da telemedicina nos países em desenvolvimento, mas não foi efectuado qualquer estudo empírico sobre a forma de facilitar a implantação (OMS, 2013). Ainda assim, não existe uma ferramenta padrão que tenha sido desenvolvida, sendo a avaliação da preparação para a saúde em linha efectuada de forma diferente, utilizando ferramentas diferentes em países diferentes (Khoja et.al: Li et al, 2010).

Jennet (Jennett 2003) e Demaris (Demaris, Oliver, Porock & Courtney, 2004), nos seus estudos, indicam que, ao realizar uma avaliação eficaz da preparação eletrónica para os sistemas de saúde em linha, podemos reduzir o risco de falhas na implementação e, de acordo com (Dowling, 1980: Lyytien & Hirschheim, 1987: More, 1990), os projectos de tecnologias da informação em grande escala obtêm geralmente uma percentagem de falhas de 30% ou mais. Este facto foi sublinhado pelo grupo Standish no relatório CHAOS de 2006 sobre a implementação de TI na maioria dos sectores empresariais, segundo o qual cerca de 40% dos projectos gerais de tecnologias da informação são rejeitados ou falharam. Menos de 40% das grandes aplicações cumprem os objectivos e algumas registam taxas de insucesso que chegam aos 70%. Wootton (2013) afirma, nas suas observações, que dos projectos de telemedicina testados no Quénia, nenhum foi mantido, apesar de terem sido concebidos para ajudar as populações rurais. Noutro artigo de Mars (2013), observa-se que, em muitas partes de África, apenas a videoconferência e o eLearning foram mantidos como parte dos pilares mais amplos da saúde em linha.

Por conseguinte, este estudo identificou que, apesar de todas as avaliações de preparação efectuadas, não existe um quadro claro e validado de avaliação da preparação para a saúde em linha que possa garantir o êxito da implementação dos sistemas de saúde em linha.

Referências

Efrain Turban, David King/Denis, *Comércio eletrónico, uma perspetiva de gestão* 2006: Acedido em junho de 2018

N. Kasitipradith, *A rede de telemedicina do Ministério da Saúde Pública da Tailândia. Revista Internacional de Informática Médica*, Volume 61, Número 2 - 3, Páginas 113 - 116

Stuart Russell e Peter Norvig. Artificial Intelligence: Uma Abordagem Moderna. Prentice Hall, 1995. disponível em http://www.aima.cs.berkeley.edu. Acedido em junho de 2018

Uma teoria da prontidão organizacional para a mudança, Bryan J Weiner. URL http://www.biomedcentral.com/content/pdf/1748-5908-4-67.pdf : Acedido em junho de 2017

Avaliação da preparação para a saúde em linha no contexto de uma pandemia de gripe: um estudo qualitativo na China.URL
http://bmjopen.bmj.com/content/3/3/e002293.full.pdf+html: Acedido
julho de 2016

Stephen M. Shortell, Ph.D., Sistemas Integrados de Saúde: Promessa e Desempenho: URL;
http://www.hks.harvard.edu/mrcbg/hcdp/readings/Integrated%20Health%

20Systems%20-%20Promise%20and%20Performance.pdf : Acedido em maio de 2016

http://www.who.int/mediacentre/factsheets/fs094/en/. acedido em 12th maio de 2016

Wickramasinghe N.S., Fadlalla A.M.A., Geisler E., e Schaffer J.L. (2005) *A Framework for Assessing EHealth Preparedness*. Int. J. Electronic Healthcare, Vol. 1, No. 3.

A Aliança para o Desenvolvimento de Capacidades. *Framework for rural and remote readiness in telehealth: Relatório do projeto para a CANARIE; 2002.*
www.fp.ucalgary.ca/telehealth/Projects-Canarie-Final%20Report, %20June%202002.htm: Acedido em maio de 2015

9-Paper-Li-EHealth-Readiness-Revised . URL
http://www.globdev.org/files/9-Paper-Li-EHealth-Readiness-

Revisto.PDF: Acedido em Ago 2016

OMS2013
http://www.who.int/gho/publications/world_health_statistics/EN_WHS20 13_Full.pdf:
Acedido em dezembro de 2017

ASSOCIAÇÃO AMERICANA DE TELEMEDICINA (ATA). 2006. *Telemedicine, Telehealth, and health Information Technology*. [Online] Disponível: www.americantelemed.org.

CANARIE. 2002. *Relatório final. Framework for rural and remote readiness in Telehealth.* Redigido pela aliança de construção de capacidades. [Em linha] Disponível: http://www.fp.ucalgary.ca.: Acedido em maio de 2015

http://en.wikipedia.org/wiki/Activity_theory: Acedido em maio de 2015

https://www.academia.edu/1241386/Conceptual_and_Methodological_Problems_in_the_Study_of_ICT_Appropriation_Process_by_Low-income_Urban_Youth_in_Argentina: Acedido em maio de 2015

https://www.google.com/?gws_rd=ssl#q=+Millenuim+Development+Goals+and+the+role+ICT+has%2Fcan+play: Acedido em Dez 2014

http://www.elearningap.com/eLAP2008/Proceedings/18_fullpaper_cecilia%20Mercado_Revisto.pdf : Acedido em março de 2017

http://unpan1.un.org/intradoc/groups/public/documents/un- dpadm/unpan039075.pdf: Acedido em maio de 2016 http://eprints.oum.edu.my/115/1/an_assessment.pdf: Acedido em maio de 2016 http://www.businessdailyafrica.com/Corporate-News/Only-44-per-cent- of-Kenya-s-eHealth -technologies-thrive/-/539550/2359450/-/ksp67tz/- /index.html: Acedido em junho de 2014

Kashorda, M., & Waema, T. (2014). Relatório do inquérito sobre a preparação eletrónica das universidades do Quénia (2013). Nairobi: Rede de Educação do Quénia. https://www.kenet.or.ke/sites/default/files/E-readiness%202013%20Survey%20of%20Kenyan%20Universities_Exec %20Summ.pdf):

Acedido em maio de 2015

Sistemas de informação e países em desenvolvimento: Failure, Success, and LocalImprovisations .
http://www.tandfonline.com/doi/abs/10.1080/01972240290075039: Acedido em 12 de maio de 2016

http://www.nationalplanningcycles.org/sites/default/files/country_docs/K enya/hrh-strategic-plan-revised.pdf.: Acedido em 12th maio 2016

Hashim, N and Jones, ML, Activity theory: a framework for qualitative analysis, in 4th International Qualitative Research Convention (QRC), 35 September, 2007, PJ Hilton, Malaysia.

A Review of Telehealth Service Implementation Frameworks
http://www.ncbi.nlm.nih.gov/pmc/articles/PMC3945538/pdf/ijerph-11- 01279.pdf. Acedido em 15 de fevereiro de 2017.

Whetten 1989: David Whetten: "What Constitutes a Theoretical Contribution? "Academy of Management Review, 1989, vol.14, No.4,490-495

https://blogs.worldbank.org/ic4d/files/ic4d/mobile_phone_usage_kenyan _base_pyramid.pdf - Acedido em setembro de 2018

https://www.itu.int/en/ITU-D/Statistics/Pages/stat/treemap.aspx-Mobile_cellular_2000-2017 report: Acedido em Out 2018

https://ca.go.ke/wp-content/uploads/2018/02/Setor-Statistics-Report-Q1- 2017-18.pdf : Acedido em outubro de 2018

https://ca.go.ke/consumers/industry-research-statistics/statistics/ Acedido em Out 2018

Kenya national eHealthstrategy_2011-2017 .URL: http://www.isfteh.org/files/media/kenya_national_ehealth_strategy_2011- 2017.pdf: Acedido em setembro de 2017 http://www.businessdailyafrica.com/Corporate-News/Only-44-per-cent- of-Kenya-s-eHealth-technologies-thrive/-/539550/2359450/-/ksp67tz/-/index.html: Acedido em setembro de 2018

Khoja, S., Scott, R., Casebeer, A., Mohsin, M., Ishaq, A. & Gilani, S. 2007. EHealth readiness assessment tools for healthcare institutions in developing countries, *Telemedicine and eHealth*, 13(4), 425-432.

A quinquagésima oitava Assembleia Mundial da Saúde, em maio de 2005, adoptou a Resolução WHA58.28 que estabelece uma estratégia de saúde em linha para a OMS. http://apps.who.int/iris/bitstream/handle/10665/20378/WHA58_28-en.pdf;jsessionid=514FF348032B488225C814E25355FC1D?sequence=1 : Acedido em setembro de 2017

MIX
Papier aus verantwortungsvollen Quellen
Paper from responsible sources
FSC® C105338

Printed by Books on Demand GmbH, Norderstedt / Germany